독재에서 민주주의로

진 샤프 지음 | 백지은 옮김

독재에서 민주주의로

현실문화

일러두기

1. 이 책은 2010년에 발간된 『From Dictatorship To Democracy』의 네 번째 영문판을 번역한 것이다.

2. 외국의 지명이나 인명, 단체명은 국립국어원 외래어 표기법을 따랐다. 단 '버마'의 경우 독재정권이 들어서기 전에 썼던 국가명인 '버마'로 표기했다.

3. 원문에서 저자가 강조한 부분은 굵은 글씨로 표시했다.

추천사_ 독재자가 두려워하는 책

박래군(인권중심 사람 소장)

전설처럼 이야기가 전해지던 진 샤프의 책 『독재에서 민주주의로』가 드디어 한국어로 번역되어 나온다니 반갑기 그지없다. 이미 전 세계 28개 나라에서 번역 출판되었고, 더 많은 언어로 읽히고 있는 책인데, 저자가 책을 쓴 지 20년 만에야 한국에서 출판된다는 것은 뒤늦은 감이 있다.

진 샤프의 이 책은 독재자들에게는 '폭도들의 책'으로 악명이 높다고 한다. 그가 독재 권력에 대항한 민중들의 투쟁을 지원하기 위해 다양한 연구를 진행하고 다양한 투쟁 방법을 제시하여 왔기 때문이다. 그래서 세계의 독재자들은 진 샤프의 권위를 깎아내리기 위해 그를 '미제의 앞잡이'니 'CIA 요원'이니 하면서 비난해왔지만 그의 명성은 전혀 깎이지 않았다.

독재자의 지배에 놓인 나라들에서는 이 책을 출판하거나 배포하는 것만으로도 처벌 대상이 되고, 소지하는 것만으로도 감옥에 가야 한다고 한다. 심지어 어느 나라에서는 진 샤프가 이 책에서 제시한 독재 권력과 싸우는 방법 198가지 중에서 몇 가지를 사용했기 때문에 유죄라는 식의 기소가 이어지기도 했다고 하니 독재자들이 이 책을 얼마나 두려워하는지 쉽게 짐작할 수 있다.

책을 읽어보면 알겠지만 진 샤프는 철저하게 비폭력의 방법으로 독재정권과 맞서라고 권유한다. 그가 보기에 폭력 투쟁은 실패할 가능성이 높은 안 좋은 선택이다. 그리고 폭력으로 권력을 잡았다고 해도 그 후에는 필시 또 다른 독재, 더욱 강화된 독재가 뒤따른다는 것을 세계 혁명운동 사례를 분석한 결과를 통해 보여준다.

그는 독재 권력은 아킬레스건을 갖고 있으며 그 아킬레스건을 효과적으로 공격하는 것으로부터 민주화 운동이 시작된다고 역설한다. '원숭이 주인' 우화를 예로 들면서 민중이 각성을 하게 되면 독재 권력을 무너뜨릴 수 있다고 확신한다. 진 샤프의 이런 주장은 단지 이념적인 주장으로 그치는 게 아니다. 세계 각국에서 진행된 민주화 운동, 혁명운동의 사례를 분석한 결과 위에 내놓은 결론이라 쉽게 수긍하게 된다.

그렇다고 그가 거대한 연구소를 운영하는 사람은 아니다. 미국 보스턴에 있는 자택에서 제자이자 동료인 연구원을 두고 있을 뿐이다. 그의 자택 지하실에 있는 작은 방이 이 책을 집필한 곳이기도 하다. 그곳에서 그는 세계에서 찾아오는 운동가들의 자문에 응하고 있고, 조언을 해주고 있다. 그의 관심사는 민중을 억압하는 독재 권력에 어떻게 효과적으로 맞서 싸우고, 민주주의 체제를 항구적으로 만들 수 있는지에 집중되어 있다.

그럼에도 그는 세계적으로 영향력 있는 인물이 된 지 오래다. 우리나라에서도 짧게나마 그에 대한 소개를 찾을 수 있다. 얼마 전에 나온 토머스 웨버의 책 『제가 간디, 스승으로 죽다』(낮은산)를 보면 "비폭력 이론, 비폭력 행동주의의 정치학, 시민불복종 윤리, 민중 중심 사회운동에 관심이 있는 사람, 또는 현재 활동가로서 비폭력 운동 훈련을 받고 거기서 영감을 찾거나 적절한 운동 전술을 채택하는 데 도움이 필요한 사람에게 진 샤프는 대개 그 출발점이다"고 언급하고 있다. 간디의 비폭력 철학을 계승 발전시켰다는 평가인 셈이다.

그리고 '전쟁없는세상'이라는 작은 평화운동 단체가 소개한 다큐멘터리 〈혁명을 시작하는 방법(How To Start A Revolution)〉에서도 그를 만날 수 있다. 이 다큐멘터리는 보스턴에 있는 진 샤프의 자택 지하 방에 자리 잡은 작은 연구소에서 진행한 인터뷰를 바탕으로 하고 있다. 진 샤프는 CIA의 제안을 거부한 대가로 유수의 재단들에서 기금을 지원받지 못한 채, 작은 지하 방 연구소에서 세계의 혁명운동 사례들을 수집하고 연구하면서 자신의 이론을 갈고 닦아왔음을 보여준다. 이제 아흔 살이 다 된 노인이지만 자신을 찾아와 운동의 진로를 고민하는 세계의 운동가들에게 늘 자상하게 조언을 해준다. 그는 구체적인 해결책보다는 일반적인 방향을 제시하는데, 그 나라의 구체적인 운동은 그 나라 활동가들의 몫이라는 것을 잘 알기 때문이다. 혁명은 수출할 수 없다는 점을 누구보다 잘 알기 때문에, 겸허하게 그 운동가의 고민을 듣고 그에 따른 자신의 생각을 말할 뿐이다.

진 샤프는 스물다섯 살인 1950년, 한국전쟁 당시 미국의 징집에 반대하여 감옥에 다녀왔다. 반전反戰은 그의 평생의 신념이었다. 그는 실형 2년을 선고받고 9개월 열흘가량을 수감생활을 했다고 한다. 그 뒤 베트남전쟁에 반대하는 활동을 하면서도 각국의 독재 권력에 저항하는 민중들의 투쟁을 비폭력 투쟁의 관점에서 분석하면서 일련의 행동 지침들을 제시해왔다. 그런 지침들은 곧 세계로 퍼져나갔고, 그는 요주의 인물이 되었다.

『독재에서 민주주의로』는 버마의 민주화 운동 그룹의 요청으로 쓰게 되었는데, 태국과 인도네시아를 비롯해 각국의 운동가들이 이 책을 자발적으로 번역해 활동 지침으로 삼기도 했고,

이 책에서 제시한 이론과 방법들이 최근 이집트 혁명을 이끈 운동가들에게도 교본으로 쓰였다고 하니, 오늘날에도 그 보편성이 입증되고 있는 셈이다.

사실 이 책에서 제시하고 있는 이론이나 방법들은 특별한 것이 아니다. 우리 사회에서 활동가들이 현장에서 종종 사용하는 방법도 많다. 특별할 것도 없는 진 샤프의 이 책이 중요한 이유는 다른 데 있다. 그는 목적이 정당하면 모든 수단이 정당하다는 명제를 단호하게 반대한다. 폭력을 통한 혁명이 낳는 부작용이 너무 크다는 점을 그는 실증적인 분석 위에서 확고하게 인식하고 있다. 또한 민중이 스스로 주인이 될 수 있다는 것을 인식하고 그들의 참여에 의해서 진행되는 운동이어야만 진정한 민주주의로 갈 수 있다는 게 진 샤프가 민주주의를 위한 혁명에서 늘 견지하고 있는 대전제다. 그렇지 않은 혁명운동, 민주화 운동은 그가 보기에는 잘못된 방향으로 가고 있는 운동이다. 그래서 그는 '비폭력의 방법'보다도 '전략적 계획의 중요성'을 자주 강조한다. 결론적으로 그는 이 책에서 "독재정권으로부터의 해방은 가능하다. 해방을 이루기 위해서는 아주 면밀한 사고와 전략적 계획이 필요하다. 주의력과 열정적인 노력, 그리고 큰 희생을 무릅쓴 잘 훈련된 투쟁이 필요하다"고 역설한다.

한국사회에서 민주화 운동을 하는 사람들은 이 책을 보고 어떤 반응을 보일까? 추천사를 쓰는 필자도 활동가이지만 이 점이 자못 궁금하다. 사실 20년 전에 처음 쓰인 책인데다, 한국사회라는 특수한 현실, 즉 군사독재 권력이 아닌 선거로 뽑힌 국가 권력을 상대하고 있고, 남과 북이 분단된 복잡한 지형 속에 놓여 있으며, 여전히 미국이라는 초강대국의 사실상 식민지나 다름없는 상황이라는 점 등등 매우 복잡한 환경 속에 있는 한국의 사회운동에 이 책이 주창하는 이론와 방법들이 접합될 수 있을까? 가장 쉽게는 진 샤프가 정리한 방법들을 도입해볼 수 있을 테고, 실제로 그 방법들은 이미 여러 현장에서 진행되고 있기도 하다. 비폭력에 대한 신념, 전략적 계획의 수립, 변화된 상황에 유연하게 적용하기 등등을 고려한다면 곧바로 우리 현실에 대입하기에는 한계가 있을 수밖에 없다. 그렇지만 여전히 우리 사회는 새로운 민주화 운동을 요구받고 있으며, 권력과 맞서는 법을 고민하고 민주주의를 안착시키기 위한 방법을 연구한 이 책은 한국사회에도 여전히 유효한 시사점을 준다.

그렇다고 이 책이 정답은 아니다. 현실 운동을 고민하는 사람들에게 진 샤프는 정답을 준 적이 없다. 그의 답은 매번 똑같다. 그것은 바로 우리들의 몫이다.

'제2의 민주화 운동'이 주창되는 때에 발간되는 이 책을 활동가들은 꼭 읽어보면 좋겠다. 활동가가 아니라도 한국사회가 좀 더 민주적인 사회가 되기를 바라고, 그 과정에서 자기 몫을 다하고 싶은 시민들 모두가 함께 읽고 토론하면서 민주화 운동의 전략을 논할 수 있으면 좋겠다.

한국어판 서문

민주주의와 인권, 사회정의를 위해 열심히 활동하는 단체들이 안타깝게도 비폭력 투쟁에 대한 실질적인 정보에 다가갈 기회조차 갖지 못하는 일이 너무도 많습니다. 이 정보를 제대로 접하지 못하고서, 민주적 자유를 위해 노력하는 단체들은 때로는 비폭력 방식을 거부하고, 심지어 비폭력 방식을 고려조차 하지 못하게 되기도 합니다.

우리는 『독재에서 민주주의로』가 이러한 비폭력적인 투쟁 방식을 이해하는 데 도움이 된다는 것을 지난 경험을 통해 알고 있습니다. 이 책은 특히 많은 단체들이 비폭력 투쟁 방식을 고려하고, 사용하고, 또 미래에 있을 다양한 투쟁에 비폭력 투쟁 방식을 적용하기 위한 준비를 하는 데 도움이 될 것입니다.

독재정권과 맞서거나, 쿠데타를 예방하거나, 외국의 침략을 방어할 때는 물론이거니와 사회를 바꾸고 싶을 때도 마찬가지로, 이 책에 담긴 지식은 전 세계 여러 지역 사람들이 비폭력 투쟁에 대해 고려하는 데 도움을 줄 것입니다. 이때 비폭력은 폭력적인 수단에 의존하지 않고 권력을 움켜쥔 소수와 일종의 '전쟁'을 벌인다는 의미를 뜻합니다.

비폭력 투쟁은 자신의 삶과 자신이 살고 있는 사회의 결정에 참여하는 사람들을 조직하고 그들과 함께 행동할 수 있는 방법을 알려줍니다. 신중하게 준비하고 지혜롭게 계획할 수 있다면 성공적인 비폭력 운동을 건설할 수 있는 기회가 크게 늘어날 것입니다.

1983년 이래로 알베르트 아인슈타인 연구소는 투쟁을 경험한 여러 나라에서 비폭력 행동이 어떻게 전술적으로 사용되어 왔는지에 대한 연구를 진행해왔습니다. 비폭력 투쟁에 대한 지식을 널리 퍼뜨리기 위해서는 세계 여러 나라에 번역 출판되는 일이 매우 중요합니다. 우리가 출판한 책과 자료들은 스페인어, 세르비아어, 베트남어, 암하라어(에티오피아의 공용어), 페르시아어, 티베트어를 포함해 45개가 넘는 언어로 번역되었습니다. 『독재에서 민주주의로』 한국어판을 처음으로 출간하면서 이 책이 번역 출간되는 데 도움을 준 모든 분들께 감사드립니다.

비폭력 전략을 사용한 투쟁이 더욱 빈번해질 때, 더 큰 자유를 위해 싸우는 사람들은 폭력과 수동성을 대체할 수 있는 강력한 대안이 있다는 것을 더 많이 알 수 있을 겁니다. 이 책이 널리 읽히기를 바라며, 이 책이 새로운 세상을 만드는 일에 도움이 되기를 바랍니다.

2015년 3월

진 샤프

서문

　수년간 나는 어떻게 하면 독재정권이 들어서는 것을 막을 수 있을지, 어떻게 하면 이미 들어선 독재정권을 무너뜨릴 수 있을지에 대해 관심을 갖고 연구해왔습니다. 이러한 관심은 부분적으로는 인간이 독재정권에 억압받고 파괴되어서는 안 된다는 신념에 바탕을 둔 것입니다. 나의 신념은 인간 자유의 중요성에 대한 책, 독재정권의 본질에 대한 책(아리스토텔레스에서 전체주의 해설에 이르기까지) 그리고 독재정권의 역사(특히 나치와 스탈린 체제)에 대한 책들을 읽으면서 확고해졌습니다.

　나는 지난 수년간 나치 정권하에 살면서 고통받은 사람들을 만날 기회가 있었는데 이 중에는 강제수용소에서 살아남은 사람들도 몇몇 있었습니다. 노르웨이에서는 파시스트 정권에 저항하고 살아남은 사람들을 만났고, 또 살아남지 못하고 죽은 사람들에 대한 이야기도 들었습니다. 나치 손아귀에서 탈출한 유대인들과 이야기를 나누었으며, 또 그들이 살아남도록 도와준 사람들과도 이야기를 나눴습니다.

여러 나라에서 공산주의 통치로 사람들이 겪은 공포에 대해서는 개인적인 만남보다는 책을 통해 더 많이 알게 되었습니다. 공산주의 체제에 대한 공포는 특히 내 마음을 아프게 했는데, 왜냐하면 이들 정권은 '억압과 착취로부터의 해방'이라는 이름으로 독재를 강요했기 때문입니다.

최근 수십 년간 독재정권이 다스린 파나마, 폴란드, 칠레, 티베트, 버마에서 온 사람들을 만나면서 독재정권의 실체가 더욱 현실적으로 다가왔습니다. 중국 공산당의 억압에 맞서 싸운 티베트 사람들, 1991년 8월 강경파의 쿠데타를 막은 러시아 사람들, 그리고 군사 체제로 돌아가는 것을 비폭력적으로 막은 태국 사람들로부터 독재정권의 본질이 얼마나 교활한지 알게 되었고, 독재정권에 대하여 염려스러운 시각을 갖게 되었습니다.

극심한 위험에도 불구하고 용감한 사람들이 계속 저항을 이어가는 곳을 방문했을 때, 믿을 수 없을 정도로 용감한 사람들의 침착하고 영웅적인 행동에 감탄하는 한편, 독재정권의 야만적인 행위에 대해서는 비애감과 분노가 깊어졌습니다. 독재자 마누엘 노리에가 치하의 파나마, 소련의 계속된 억압에 놓여 있는 리투아니아의 수도 빌뉴스, 축제 분위기 속에서 자유로운 시위를 이어가던 천안문 광장과 무장 병력이 광장에 진입한 그 운명의 밤, 그리고 '해방된 버마'의 마너플라우에 있는 민주저항세력의 밀림 본부가 바로 내가 방문했던 곳들입니다.

나는 때때로 빌뉴스에 있는 텔레비전 송신탑과 묘지, 사람들이 총살당한 리가의 공원, 파시스트들이 저항하는 사람들을 한 줄로 세워 총살한 북부 이탈리아 페라라의 중심지, 그리고 너무 어린 나이에 죽은 사람들의 시체로 가득한 마너플로우에 있는 초라해 보이는 공동묘지처럼 전사자들이 묻힌 곳을 방문했습니다. 모든 독재정권이 이렇게 죽음과 파괴의 흔적을 남긴다는 것은 슬픈 사실입니다.

이러한 염려와 경험에서 확고한 소망을 갖게 되었는데, 그것은 폭정을 예방하는 것이 가능하고 상호 간에 대량살상 없이 독재정권을 무너뜨리는 투쟁을 성공적으로 수행할 수 있으며, 잿더미에서 또 다른 독재정권이 출현하는 것을 막을 수 있다는 것입니다.

나는 고통받고 목숨을 잃는 일을 최대한 줄이면서 독재정권을 성공적으로 무너뜨릴 수 있는 가장 효과적인 방법에 대해 신중히 생각해왔습니다. 그리고 여러 해 동안 저항운동과 혁명, 정치적 견해, 정부 구조, 특히 현실적인 비폭력 투쟁에 대해 연구했습니다.

이 책의 출간이 그 결과입니다. 이 책이 완벽하지 않다는 것을 압니다. 그러나 아마도 이 책이 더 강력하고 효과적인 해방운동을 전개하기 위한 생각과 계획을 도울 지침이 될 수는 있을 것입니다.

이 책은 필요에 의해서, 의도적으로, 독재정권을 어떻게 무너뜨릴 수 있으며 또 어떻게 다른 독재정권의 출현을 막을 수 있는가에 대한 일반론에 초점을 맞췄습니다. 나는 어떤 특별한 나라에 대해 자세하게 분석하거나 그 나라에 구체적인 해결책을 제시하는 일을 잘 해내지는 못합니다. 그러나 이 일반적인 연구가 독재정권의 지배라는 현실에 직면해 있는 사람들에게 도움이 되기를 바랍니다. 독재정권과 마주하며 살아가는 사람들은 이 연구가 그들의 상황에 타당한지, 해방 투쟁에 관한 주요 제안들을 어디까지 적용해야 하는지, 또 어디까지 확대해서 적용할 수 있는지를 검토해야 할 것입니다.

나는 이 책 어디에서도 독재자에 저항하는 것이 쉽다거나 혹은 대가를 치르지 않는 일이라고 가정하지 않았습니다. 모든 형태의 투쟁은 혼란과 희생이 따릅니다. 독재자와 싸우는 일에서도 물론 사상자가 나올 수밖에 없습니다. 그렇더라도 이 연구가 저항운동의 지도자들이 희생자 숫자를 줄이면서 그들이 가지고 있는 힘을 효과적으로 발휘할 수 있는 전략을 고안하는 데 힘이 되기를 바랍니다.

또한 이 책이 어떤 독재정권이 막을 내렸다고 해서 다른 모든 문제도 함께 사라질 것을 뜻한다고 해석해서는 안 됩니다. 한 정권이 몰락한다고 지상낙원이 되지는 않습니다. 더 정의로운 사회적·경제적·정치적 관계를 정립하며, 여러 가지 형태의 불의와 억압을 뿌리 뽑는 일은 아주 어려운 일이고 오랜 기간 노력해야 합니다. 어떻게 독재정권을 무너뜨리고, 오래도록 지속 가능한 민주적 사회를 만들 수 있는가에 대한 이 간단한 연구가 독재정권 지배하에 살면서 자유를 염원하는 모든 사람들에게 도움이 되기를 바랍니다.

1993년 10월 6일

미국 보스턴의 알베르트 아인슈타인 연구소에서

진 샤프

차례

1장
독재정권의 현실과 마주하기

    국내외적 요인으로 등장한 여러 독재정권이 최근 조직된 민중의 저항과 행동을 맞닥뜨리면서 무너지거나 흔들리고 있습니다. 독재정권은 때때로 견고하게 자리 잡은 난공불락의 요새처럼 무너지지 않을 것처럼 보이지만 일부 독재정권은 민중의 단결된 정치적·경제적·사회적 저항을 버틸 수 없었습니다.

    1980년 이래로 에스토니아, 라트비아, 폴란드, 동독, 체코슬로바키아와 슬로바니아, 마다가스카르, 말리, 볼리비아, 필리핀에서 주로 민중의 비폭력 저항으로 독재정권이 무너졌습니다. 비폭력 저항은 한 발짝 더 나아가 네팔, 잠비아, 한국, 칠레, 아르헨티나, 아이티, 브라질, 우루과이, 말라위, 태국, 불가리아, 헝가리, 나이지리아, 구소련(1991년 8월 강경파 쿠데타 시도 진압에 상당한 역할을 했다) 등 여러 나라에서 민주화 운동을 앞당겼습니다.

최근에는 중국, 버마, 티베트에서 대규모 정치적 저항*이 일어났습니다. 이러한 투쟁이 독재정권의 지배나 통치를 끝낸 것은 아니지만, 억압적인 정권의 잔인성을 세계에 폭로했으며 또 대중에게는 비폭력 투쟁을 경험할 수 있는 소중한 기회가 되었습니다.

위에서 언급한 나라들에서 독재정권의 몰락이 그 사회의 다른 모든 문제를 없애버린 것은 결코 아닙니다. 야만적인 독재정권은 가난, 범죄, 비효율적인 관료제, 환경 파괴를 유산으로 남겼습니다. 그러나 독재정권의 몰락으로 사람들이 겪은 고통과

---

* 이 용어는 로버트 헬비(Robert Helvy)가 제안한 것이다. '정치적 저항'은 정치적 목적을 위해서 적극적으로 저항적으로 행하는 비폭력 투쟁(항의, 비협조, 개입)을 말한다. 이 용어는 비폭력 투쟁을 평화주의와 도덕적·종교적 '비폭력'과 동일시하면서 생기는 혼란과 왜곡을 피하기 위해서 만들어졌다. '저항(defiance)'은 불복종을 함으로써 권력 당국에 의도적으로 도전하는 것이며 복종의 여지를 전혀 남기지 않는다. '정치적 저항'은 목적(정치권력)뿐만 아니라 행동(정치적)의 배경을 설명한다. 주로 이 용어는 사람들이 정부 기관에 대한 통치를 독재정권으로부터 되찾기 위해 전략적 계획과 작전을 사용하여 끊임없이 권력의 원천을 공격하는 행동을 기술하기 위해 사용된다. 이 책에서는 정치적 저항(political defiance), 비폭력 저항(nonviolent resistance), 그리고 비폭력 투쟁(nonviolent struggle)이 같은 의미로 사용될 것이다. 단, 비폭력 저항과 비폭력 투쟁은 일반적으로 더 넓은 목적을 위한 (사회적, 경제적, 심리적 등) 투쟁을 뜻하는 말이다.

희생이 상당히 줄어들었고, 더 큰 정치적 민주주의와 개인의 자유, 사회정의가 실현되는 사회를 세울 수 있는 길이 다시 열렸습니다.

계속되는 문제

지난 수십 년 동안 세계는 더 큰 민주화와 자유를 지향해왔습니다. 매년 정치적 권리와 시민의 자유가 어떤 상태에 놓여 있는지에 대해 국제적인 조사를 하는 자유의 집(Freedom House)에 따르면, 최근에 전 세계에서 '자유국'으로 분류된 나라의 숫자가 상당히 증가했다고 합니다.*

	자유국	부분적 자유국	비자유국
1983	54	47	64
1993	75	73	38
2003	89	55	48
2009	89	62	42

그러나 이런 긍정적인 흐름은 아직도 폭정하에 사는 많은

---

*　Freedom House, *Freedom in the World*, http://www.freedomhouse.org

사람들 앞에서 수그러듭니다. 2008년 기준으로 세계인구 66억 8000만 명 가운데 34퍼센트가 '비자유국',* 즉 정치적 권리와 시민의 자유가 극도로 제한된 지역에 살고 있습니다. '비자유국' 범주에 속한 42개 국가는 군부독재(버마의 경우)와 전통적 억압 군주(사우디아라비아와 부탄의 경우), 지배 정당(중국과 북한의 경우)과 외국 점령자(티베트와 서부 사하라의 경우)에 지배당하거나 혹은 과도기 상태에 놓여 있습니다.

오늘날 많은 나라가 급속한 경제적·정치적·사회적 변화를 겪고 있습니다. 최근에 '자유국'의 수는 증가했지만, 많은 나라가 빠르면서도 근본적인 변화를 겪으면서 민주주의와 반대되는 방향으로 나아가 또 다른 형태의 독재정권을 경험할 위험이 무척 높아지고 있습니다. 군부와 야심 찬 개인, 선출된 관료와 교조적 정당 들이 계속해서 그들의 의지를 관철시킬 기회를 찾을 것입니다. 쿠데타가 빈번히 일어나고 있으며 앞으로도 계속 일어날 수 있습니다. 수많은 사람들의 기본적인 인권과 정치적 권리가 계속 부정될 것입니다.

불행하게도 과거는 아직도 우리 곁에 남아 있습니다. 독재정권의 문제는 그 뿌리가 깊습니다. 많은 나라에서 사람들이 수

---

*   Freedom House, *Freedom in the World*, http://www.freedomhouse.org

십 년 혹은 수 세기 동안 국내외적 요인으로 인해 억압을 경험했습니다. 권위자나 통치자에 대한 맹목적 복종이 오랫동안 빈번하게 주입되었습니다. 극단적인 경우에 독재정권은 (국가의 통제 영역 밖에 있는) 사회의 정치, 경제, 종교기관들까지 의도적으로 약화시키나 국가에 종속시켰고, 심지어 사회를 통제하기 위해 국가나 지배 정당은 새롭게 결성한 관제 기구를 이용해 이 기관들을 대체하기도 했습니다. 사람들은 (고립된 개인으로) 원자화되어 있기 때문에 자유를 획득하기 위해 함께 일하거나 서로 비밀을 나눌 수 없었고, 자발적으로 할 수 있는 일조차 거의 없었습니다.

결과는 뻔합니다. 사람들은 힘과 자신감을 잃고 저항할 수 없게 됩니다. 사람들은 흔히들 겁에 질려 가족이나 친구하고도 독재정권에 대한 혐오나 자유에 대한 갈망을 나누지 못하게 됩니다. 공개적인 저항은 진지하게 생각할 수조차 없죠. 그래봤자 무슨 소용이 있겠습니까? 저항은 고사하고 미래에 대한 희망도 없고 목적도 없는 고통에 직면하게 됩니다.

오늘날 독재정권하에 놓인 상황은 이전보다 훨씬 열악할 수도 있습니다. 과거에 일부 사람들이 저항을 시도했습니다. 일시적으로 대중의 항의와 데모가 일어나기도 했죠. 아마도 잠시 동안 사기가 진작되었을지도 모릅니다. 어떤 때는 개인과 소그룹이 어떤 원칙이나 단순히 이견을 주장하면서 용감하지만 무기력한 행동을 했을 수도 있습니다. 동기가 얼마나 고상했든 과거의 그러한 저항은 독재정권을 무너뜨리기 위해서는 사람들이 가진 두려움과 습관적인 복종을 극복해야 한다는 필수적인 선행 조건을 충분히 해결하지 못했습니다. 슬프게도 이러한 행동들은 승리나 희망 대신 오히려 고통과 죽음을 가중시켰습니다.

폭력으로 자유를?

이러한 상황에서 무엇을 해야 할까요? 뻔한 방법들은 쓸모 없어 보입니다. 독재자들은 보통 헌법과 법률적인 견제 장치, 법원의 판결, 대중의 여론을 무시합니다. 야만적인 행위와 고문, 실종과 살인에 반응하여 사람들이 독재정권을 끝내기 위해 폭력을 써야 한다고 결론을 내리는 것은 이해할 만합니다. 성난 희생자들은 때때로 그들이 행사할 수 있는 모든 폭력적·군사적 역량을 모아 독재자에 맞서 승산 없는 싸움을 조직해왔습니다. 이 사람들은 엄청난 고통과 희생을 감수하며 용감하게 싸웠습니다. 간혹 놀라운 성과를 내기도 하지만 자유를 얻은 경우는 거의 없었죠. 폭력적 반항은 야만적 탄압을 불러와 대중을 이전보다 무력하게 만든 경우가 빈번했습니다.

폭력을 선택하는 것에 어떤 장점이 있든지 한 가지는 확실합니다. **폭력적인 수단을 택하는 것은 거의 언제나 압제자가 우위를 누려온 바로 그 방법을 선택하는 것입니다.** 독재자들은 압도적인 폭력으로 무장하고 있습니다. 민주화세력이 얼마나 길게 혹은 짧게 싸움을 이어가든지 결국은 군사력에서 가혹하리만치 차이가 나는 현실을 피할 수 없습니다. 독재자들은 언제나 무기와 탄약, 보급력, 군사력 규모에서 우위를 점하고 있습니다. 민주화세력이 아무리 용감하더라도 (거의 언제나) 군사력에서 독재정권의 적수가 되지는 못합니다.

재래식 무력 반란이 비현실적이라는 것을 인식한 일부 반체제세력은 게릴라전을 택합니다. 그러나 게릴라전이 억압받는 대중에게 도움이 되거나 민주주의를 정착시키는 경우는 거의 없습니다. 특히 민중 내부에서 막대한 사상자가 발생할 가능성이 매우 높기 때문에 게릴라전은 절대로 독재정권에 대한 해결책이 될 수 없습니다. 이론과 전략 분석, 국제적인 지원이 뒷받침되더라도 이 방법은 성공을 보장하지 못합니다. 게릴라 투쟁은 흔히 오랫동안 지속됩니다. 시민 대중은 큰 고통과 사회적인 해체를 겪으며 지배 정부에 패배하고 맙니다.

게릴라 투쟁은 성공하더라도 장기적으로 부정적인 구조를 구축하는 결과를 낳습니다. 공격을 받은 체제는 그 반동으로 당장 독재를 더욱 강화할 것입니다. 게릴라세력이 마침내 성공하더라도 흔히 그 뒤를 잇는 새 체제는 이전보다 더 독재적인 성격을 띨 수 있는데, 그 이유는 군사력이 강화되면서 중앙집권화가 이루어지고, 투쟁 기간 동안 정부를 견제할 수 있는 사회의 독립적인 그룹과 기관들이 약화되고 파괴되었기 때문입니다. 이러한 단체들은 민주 사회를 세우고 유지하는 데 꼭 필요한 역할을 합니다. 독재정권과 맞서 싸우고자 하는 사람들은 게릴라 투쟁이 아닌 다른 대안을 찾아야 합니다.

쿠데타, 선거, 외부의 구원자?

독재정권에 대항하는 군사 쿠데타는 혐오스러운 정권을 제거하는 데 상대적으로 가장 쉽고 빠른 방법으로 보이기도 합니다. 그러나 이 방법에는 매우 심각한 문제가 있습니다. 가장 중요한 문제는 쿠데타가 대중과 엘리트 사이에 이미 존재하는 권력 불균형을 정부와 정부 군사력의 통제 아래 그대로 남겨둔다는 것입니다. 정부 요직에서 특정 인물과 파벌을 제거하면 십중팔구 또 다른 파벌이 그 자리를 차지하게 됩니다. 이론적으로 이 그룹은 직전에 있던 그룹보다 행동이 더 온건하며 민주개혁에 관해 제한적이나마 개방적일 수도 있습니다. 물론 그 반대일 수도 있겠죠.

새로운 파벌은 자신의 입지를 굳히고 나면 원래 있던 파벌보다 더 무자비하며 야심적으로 변할 수 있습니다. 결과적으로 희망을 품고 시작한 이 새로운 세력은 민주주의나 인권은 도외시한 채 무엇이든 자신들이 원하는 것을 추구할 것입니다. 이것은 독재정권이라는 문제에 대한 답이 될 수 없습니다.

선거 또한 독재정권하에서 정치적으로 중요한 변화를 가져오는 도구로 활용하기 어렵습니다. 구소련이 지배하던 동구권과 같은 일부 독재정권은 선거를 치르며 겉으로는 민주주의인 것처럼 흉내를 냈습니다. 그러나 이들 국가에서 선거는 단지 독재자가 이미 골라놓은 후보자를 공적으로 승인하는, 엄격히 통제된 국민투표에 불과합니다. 간혹 독재자가 압력에 못 이겨 새롭게 선거를 치르는 것에 동의하기도 합니다. 그러나 동의한 뒤에도 정부 관직에 민간인 꼭두각시를 세우려고 선거를 조작하기도 합니다. 심지어 1990년 버마와 1993년 나이지리아에서처럼 야당 후보가 선거에 나와 당선되기도 하지만 선거 결과는 쉽게 무시되며 '승리자'는 협박을 당하거나 구속되거나 심지어 처형당하기도 합니다. 독재자는 자신이 권좌에서 쫓겨날 수도 있는 선거를 용납하지 않습니다.

현재 야만적 독재정권하에서 고통받고 있거나 독재정권의 손아귀에서 벗어나기 위해 망명을 떠난 사람들은 억압받는 사람들이 스스로의 힘으로 해방을 맞이할 수 있다는 사실을 믿지 않습니다. 그 대신 그들은 외부 사람의 행동으로 구원받기를 기대합니다. 그들은 외부의 힘을 신뢰합니다. 오직 국제적 도움만이 독재자를 끌어내릴 수 있는 힘을 갖고 있다고 믿습니다.

억압받는 사람들이 효과적으로 행동할 수 없다는 견해는 어떤 때는 맞는 말입니다. 이미 말했듯이 억압받는 사람들은 무자비한 독재정권과 대항할 수 있는 자신들의 능력을 종종 신뢰하지 않고, 또 자신들을 구할 길을 알지 못하기에 굳이 저항하지 않고, 저항할 수도 없습니다. 따라서 많은 사람들이 해방에 대한 희망을 외부 사람에게 거는 것이 이해가 갑니다. 이 외부세력은 '여론', 유엔, 어떤 특정한 나라 혹은 국제적인 경제적·정치적 제재일 수 있습니다.

이러한 시나리오가 그럴듯하게 들릴지 몰라도 외세에 의지하는 것은 심각한 문제를 가지고 있습니다. 이러한 신뢰는 완전히 잘못되었을 수 있습니다. 일반적으로 외국에서 구원자가 정말로 오는 경우는 매우 드물며, 다른 나라가 중재를 한다 하더라도 신뢰해서는 안 됩니다. 외국 정부가 개입하더라도 대개 믿을 만한 것이 못 됩니다.

외세의 개입에 의지할 경우 마주하는 몇 가지 가혹한 현실은 대표적으로 다음과 같습니다.

- 흔히 외국 정부는 자신의 경제적 혹은 정치적인 이익을 증대하기 위해서라면, 독재정권을 묵인하거나 심지어는 적극적으로 도와주기까지 할 것이다.
- 외국 정부는 억압받는 민중의 해방을 도와주겠다는 약속을 어기고 다른 목적을 위해 그들을 기꺼이 배반할 수도 있다.
- 일부 외국 정부는 해당 국가에 대한 자기 나라의 경

제적, 정치적 혹은 군사적 지배를 확보하기 위해서만
독재정권에 대항할 것이다.

• 내부 저항운동이 이미 독재정권을 흔들기 시작하여
그 정권의 야만성이 국제사회의 주목을 받은 다음에야
비로소 외국 정부는 긍적적인 목적을 가지고 적극적으
로 개입할 것이다.

일반적으로 독재정권은 그 나라 내부의 권력 배분에 의해
서 유지됩니다. 독재정권하에서 대중과 사회는 너무 약해서 독
재정권에 별다른 영향을 끼칠 수 없고 부와 권력은 몇 명 안 되는
소수의 손에 집중되어 있습니다. 국제 행동은 독재정권에게 도
움을 줄 수도 있고 힘을 약화시킬 수도 있지만, 기본적으로 그 정
권의 존속 여부는 내부의 권력관계에 달려 있습니다.

한편 국제적인 압력이 내부의 강력한 저항운동을 지지할
경우 그것은 매우 효과적일 수 있습니다. 예를 들면 국제적 불매
운동, 금수조치, 외교관계 단절, 국제조직에서 제명, 유엔기구의
규탄 등이 큰 도움이 될 수 있습니다. 그러나 강력한 내부 저항운
동이 없는 경우라면 다른 나라가 이런 행동을 취하지 않을 것입
니다.

냉엄한 진실과 마주하기

결론은 냉엄합니다. 최소 비용으로 독재정권을 가장 효과적으로 무너뜨리기 원한다면 즉시 해야 할 일이 네 가지가 있습니다.

- 억압받는 대중 스스로 결의, 자신감, 저항 기술을 강화시켜야 하며
- 억압받는 민중의 독립적인 사회집단과 기구를 강화시켜야 하고
- 내부에 강력한 저항세력을 만들고
- 해방을 위한 대전략 계획을 현명하게 개발하고 기술적으로 실행해야 한다.

해방을 위한 투쟁은 투쟁 집단의 자립심을 키우고 내부 결속을 강화하는 기회입니다. 찰스 스튜어트 파넬은 1879~1880년 아일랜드 집세납부거부운동 기간에 다음과 같이 말했습니다.

> 정부에 의존해봐야 소용없다 … 여러분은 오직 여러분의 결의를 의지해야 한다 … 함께 힘을 합하여 서로를 도우라 … 여러분 중에 약한 자들을 격려하라 … 단결하고 조직하라 … 반드시 승리해야 한다 …

문제를 해결하기 위해 이 질문을 준비했을 때 문제가
해결될 것이고, 이 질문이 준비되지 않고서는 문제가
해결되지 않을 것이다.[*]

결국 독재정권은 강력한 자립세력과 현명한 전략, 훈련된
대중의 용감한 행동과 진정한 용기에 부딪혔을 때 무너질 것입
니다. 그러나 최소한 위의 네 가지 조건이 충족되어야 합니다.

위에서 이야기한 대로 독재정권으로부터 해방되는 것은 궁
극적으로 민중이 자신을 해방할 수 있는 능력이 있는가에 달려
있습니다. 앞서 언급한 성공적인 정치적 저항, 즉 정치적 목표 달
성을 위한 비폭력 저항의 사례들이 보여주듯이 사람들이 스스로
자유를 얻을 수 있는 수단이 존재합니다. 하지만 아직 그 방법이
무르익지 않았을 뿐입니다. 이 방법에 대해 자세하게 알아보고
자 합니다. 그러기에 앞서 독재정권을 제거하기 위한 한 방법으
로서 협상에 대해 살펴보겠습니다.

---

[*]   Patrick Sarsfield O'Hegarty, *A History of Ireland Under the Union, 1880-1922* (London: Methuen, 1952), pp. 490-91.

2장

협상의 위험

독재정권에 대항하면서 (1장에서 살펴본 것처럼) 중대한 문제에 부딪혔을 때 어떤 사람들은 다시 수동적인 복종 상태로 돌아갑니다. 또 어떤 사람들은 민주주의를 실현할 가능성이 없다고 보고, 영원히 지속될 것처럼 보이는 독재정권과 타협해야 한다고 결론을 내립니다. '화해'와 '타협', 또는 '협상'으로 몇 가지 긍정적인 성과를 얻어내고 잔혹 행위가 끝나기를 바랍니다. 표면적으로 현실적인 대안이 없는 경우에 이런 식의 사고는 호소력을 가집니다.

잔혹한 독재정권에 대항하는 진중한 투쟁의 전망은 그리 밝지 않습니다. 왜 이러한 투쟁을 꼭 해야 할까요? 모든 사람이 합리적으로 대화하고 협상해서 독재정권을 점진적으로 종식시키는 방법을 찾을 수는 없을까요? 민주화세력이 독재자의 인간성에 호소하여 지배를 조금씩 완화하도록 설득하고 마침내 민주주의적인 체제를 세우기 위해 독재자가 완전히 물러나도록 할 수는 없을까요?

한쪽만이 옳은 것은 아니라고 주장하는 사람들이 있습니다. 어쩌면 민주화세력이 독재자를 오해했고, 독재자는 어려운 상황에서 나름 선한 동기를 가지고 행동했을 수도 있습니다. 혹은 적절하게 격려하면서 물러나는 것을 권유한다면 독재자 스스로 나라가 처한 어려운 상황에서 기꺼이 물러날 것이라고 생각할 수도 있습니다. 독재자에게 '양쪽이 모두 만족하는' 해결책을 제공해보라고 주장할 수도 있겠죠. 민주화세력이 (전문가나 혹은 다른 정부의 도움을 받을 수도 있는) 협상을 통해 갈등을 평화적으로 해결하기를 원한다면, 더 이상 위험이나 고통이 따르는 투쟁은 필요하지 않다고 주장할 수도 있고요. 군사력을 동반한 무력 투쟁이 아닌 비폭력 투쟁이라 할지라도 어려운 투쟁보다는 협상하는 것이 더 낫지 않을까요?

협상의 장점과 한계

협상은 갈등 상황에서 특정한 문제를 해결하는 데 매우 유용한 도구이며, 이럴 경우에는 협상을 무시하거나 거부해서는 안 됩니다.

근본적인 사안의 성패가 달려 있지 않아서 타협이 가능한 상황이라면 협상은 갈등을 해결하는 데 중요한 수단이 될 수 있습니다. 노동자가 임금 인상을 요구하며 벌이는 파업이 좋은 예입니다. 양쪽이 원래 제안한 액수의 중간쯤 어딘가에서 협상이 타결되고 해결책이 나올 것입니다. 그러나 법의 테두리 안에서 일어나는 노동쟁의는, 잔인한 독재정권이 계속 유지될 것이냐 아니면 독재정권을 무너뜨리고 정치적 자유를 확립할 것이냐, 하는 갈등 상황과는 전혀 다릅니다.

종교 원리나 인간의 자유, 사회가 나아가야 할 방향처럼 근본적인 사안이 쟁점인 경우, 협상을 통해서 양쪽 모두 만족스러운 해결책에 도달할 수 없습니다. 어떤 근본적인 문제들은 절대로 협상을 해서는 안 됩니다. 권력관계가 민주화세력에게 유리한 쪽으로 기울어져 있을 때에만 기본적인 쟁점들을 적절히 보호할 수 있습니다. 이러한 변화는 협상을 통해서가 아니라 투쟁을 통해 일어납니다. 이 말은 결코 협상을 하지 말라는 것이 아닙니다. 요점은 강력한 민주저항세력이 없을 경우, 이미 굳건하게 자리를 잡은 독재정권을 협상으로 제거한다는 생각은 현실적이지 않다는 것입니다.

협상은 결코 대안이 될 수 없습니다. 확고하게 기반을 다져 지위가 안전한 독재자들은 민주화세력과의 협상을 거부할 것입니다. 혹은 협상이 시작된 후 민주 진영의 협상가들이 실종되거나 다시는 그들의 소식을 들을 수 없게 될지도 모릅니다.

협상에 의한 항복?

독재정권에 반대하면서 협상을 선호하는 개인과 집단은 대개 선의를 가지고 있습니다. 특히 야만적인 독재에 맞서 무력 투쟁을 장기간 지속해왔으나 끝내 승리하지 못한 경우, 어떤 정치적 신념을 가졌는지와는 별개로 모든 사람들이 평화를 원하는 건 당연한 일입니다. 특히 독재자가 명백하게 우세한 군사력을 가지고 있고 자국민에 대한 파괴와 살상이 정도를 넘었을 경우, 민주화세력 사이에서 협상이 대안으로 떠오르기 쉽습니다. 그런 상황에서 민주화세력은 그들의 목표 중 일부를 얻어내면서 폭력과 대항폭력의 악순환을 종식시킬 수 있는 다른 길을 찾고 싶은 강한 유혹을 받게 됩니다.

독재정권이 민주저항세력과 협상하면서 제시하는 '평화'는 다분히 표리부동합니다. 독재자가 자국민을 상대로 하는 전쟁을 멈추기만 하면 언제든 즉시 폭력은 중단될 수 있습니다. 독재자는 의지만 있다면 협상 없이도 인간의 존엄성과 인권을 존중하고, 정치범을 석방하며, 고문과 군사행동을 중지하고, 정부의 일에서 손을 떼며, 국민에게 사죄할 수 있습니다.

독재정권이 아직 강력할 때도, 정권에 거슬리는 저항세력이 있을 경우 독재자는 저항세력과 협상을 통해 '평화'를 가장한 항복을 받아내기를 바랄 것입니다. 협상을 하자는 요청이 그럴듯해 보이지만 협상실 안에는 심각한 위험이 도사리고 있을지도 모릅니다.

반면 아주 이례적으로 저항세력이 강력해서 독재정권이 실제로 위협을 느낄 때, 독재자는 가능한 한 더 많은 권력과 부를 지키기 위해 협상을 원할 수도 있습니다. 어떤 경우든 민주화세력은 독재자가 목적을 이루는 데 협조해서는 안 됩니다.

민주화세력은 독재자가 협상 과정에 의도적으로 심어놓은 함정을 조심해야 합니다. 정치적 자유라는 근본적인 사안을 놓고 독재정권이 협상을 하자고 하는 것은 아무 저항 없이 민주화세력을 항복시키려는 시도일 수 있습니다. 협상을 하는 동안에도 독재정권의 폭력은 계속될 것입니다. 이런 식의 싸움에서 협상은 강력한 투쟁 끝에 독재자의 권력이 완전히 무너져 독재자가 신변의 안전을 위해 국제공항으로 떠날 때 하는 것이 가장 적절하고, 협상의 역할을 다할 수 있을 것입니다.

협상에서의 권력과 정의

협상에 대한 이러한 견해가 너무 가혹하게 느껴진다면 협상에 관한 몇 가지 낭만주의적인 경향을 먼저 버려야 합니다. 협상이 어떻게 이루어지는지 명확한 분석이 필요합니다.

'협상'은 쌍방이 동등한 관계로 대화하면서 그들 사이에 갈등을 일으키는 차이를 해결하려는 것이 아닙니다. 두 가지 사실을 기억해야 합니다. 첫째, 협상에서 합의 내용은 갈등을 일으키는 견해와 목표가 얼마나 정의로운지와는 아무 상관이 없습니다. 둘째, 협상에서 합의된 내용은 대부분 쌍방의 권력 크기에 의해 결정됩니다.

몇 가지 어려운 질문을 염두에 두어야 합니다. 협상 테이블에서 상대방이 합의하지 않으면 이후 양쪽은 목표를 이루기 위해 무엇을 할 수 있을까요? 합의에도 불구하고 합의 이후에 상대방이 약속을 어기고 자신의 목표를 이루기 위해 이용할 수 있는 모든 폭력을 사용한다면 각자는 어떻게 해야 할까요?

쟁점이 되는 사안의 옳고 그름을 따진다고 협상에서 합의를 도출하는 것은 아닙니다. 문제가 옳은지 그른지에 대해 오랫동안 토론할 수 있겠지만 협상에서 실제 결과는 서로 대적하는 집단 사이의 절대적이고 상대적인 권력 상황에 대한 평가에서 나옵니다. 민주화세력은 최소한의 요구사항을 보장받기 위해 무엇을 할 수 있을까요? 독재자가 주도권을 잡고 민주화세력을 무력하게 만들기 위해 할 수 있는 일은 무엇일까요? 다른 말로 하면 합의가 되었다는 것은 각자가 쌍방의 권력 크기를 가늠하고, 또 장외 투쟁이 어떻게 끝날 것인가를 계산한 후에 나온 결과라고 할 수 있습니다.

합의에 이르기 위해 각자가 무엇을 포기하고 양보할 것인지에도 주의를 기울여야 합니다. 협상에 성공했다는 것은 의견 차이를 조율하여 타협을 했다는 것입니다. 각자가 원하는 것을 부분적으로 얻고 어떤 부분은 포기하게 됩니다.

극단적인 독재정권인 경우 친親민주주의세력이 양보할 수 있는 것은 무엇일까요? 독재자의 목표 가운데 친민주주의세력이 받아들일 수 있는 것은 무엇인가요? 민주화세력이 독재자에게 미래에 구성될 정부에서 헌법에 명시된 역할(정당이든 군벌이든)을 줘야 하나요? 그것이 민주적인가요?

협상이 아무 탈 없이 진행된다고 가정해도 다음과 같은 질문을 던져야 합니다. 협상의 결과로 어떤 평화를 얻게 될까요? 민주화세력이 투쟁을 시작하거나 계속 이어갔을 때와 비교해 삶은 더 나아질까요, 혹은 나빠질까요?

'동조하는' 독재자

독재자들의 지배 이면에는 권력, 지위, 부, 사회 개조 등 다양한 동기와 목적이 깔려 있을 것입니다. 이러한 목적 중 어떤 것도 독재자가 통치 지위를 포기하면 얻을 수 없다는 것을 명심해야 합니다. 협상을 하는 동안에도 독재자는 자신의 목적을 지키려고 할 것입니다.

협상에서 독재자가 어떤 약속을 하든지 간에, 독재자는 민주저항세력의 복종을 받아내기 위해 무엇이든 약속한 뒤 철면피 같이 합의를 어기리라 점을 결코 잊어서는 안 됩니다.

탄압에서 잠시 벗어나기 위해 민주화세력이 압제에 대한 저항을 멈춘다면 크게 실망하게 됩니다. 저항을 멈췄다고 탄압이 누그러지는 경우는 거의 없습니다. 일단 국내외 저항세력이 사라지면 독재자는 이전보다 더 모질게 억압하고 더 큰 폭력을 행사할 것입니다. 대중의 저항이 사라지면 독재정권의 통치와 잔악 행위를 억제해왔던 저항력이 사라지게 됩니다. 그러면 독재자는 자신이 원한다면 누구든지 마음대로 할 수 있게 되죠. "폭군은 우리가 저항할 힘이 부족한 만큼만 고통을 가한다"라고 크리슈날랄 슈리다라니가 이야기했습니다.*

근본적인 사안의 사활이 걸린 갈등 상황에서 변화를 일으키기 위해 필요한 것은 협상이 아니라 저항입니다. 거의 모든 상황에서 독재자를 권좌에서 몰아내기 위해서는 반드시 지속적으로 저항을 이어가야 합니다. 성공은 대개 협상이 어떻게 타결되느냐에 따라 결정되는 게 아니라 가장 적절하고 강력한 저항 방법을 현명하게 사용하는 것에 따라 결정됩니다. 나중에 더 자세

---

*   Krishnalal Shridharani, *War Wihtout Violence: A Study of Gandhi's Method and Its Accomplishments* (New York: Harcourt, Brace, 1939, and reprint New York and London: Garland Publishing, 1972), p. 260.

하게 살펴보겠지만, 자유를 위한 투쟁의 가장 강력한 수단은 정치적 저항, 즉 비폭력 투쟁이라는 것이 우리의 주장입니다.

어떤 평화인가?

민주화세력이 독재자와 평화에 대해 말할 때 위험에 휘말리지 않으려면 매우 냉철한 판단이 필요합니다. '평화'를 말하는 사람 모두가 다 자유롭고 정의로운 평화를 원하는 것은 아닙니다. 수십만의 사람들에게 인정사정없이 잔학 행위를 저지른 독재자를 소극적으로 묵인하거나 냉혹한 압제에 굴종하는 것은 진정한 평화가 아닙니다. 히틀러도 종종 평화를 거론했는데, 그에게 평화는 그저 그의 뜻에 복종하는 것을 의미했습니다. 흔히 독재자가 말하는 평화는 감옥이나 무덤의 평화에 불과합니다.

또 다른 위험도 있습니다. 선의를 가지고 협상을 하는 사람들도 협상의 목적과 협상 과정 그 자체를 혼동할 때가 있습니다. 더 나아가 민주 진영 협상가들과 협상을 돕기 위해 외국에서 파견된 전문가들은 국내외적으로 독재자에게 정당성을 안겨줄 위험도 있는데, 이러한 정당성은 이전까지는 나라를 장악하고 인권을 유린하고 잔학 행위를 한 독재자가 가질 수 없는 것이었습니다. 정당성 없이 통치를 지속해나갈 수 없기 때문에 독재자는 정당성을 획득하기를 몹시 바랍니다. 평화를 옹호하는 사람들은 독재자에게 정당성을 부여해서는 안 됩니다.

희망의 이유

앞서 말했듯이 저항세력의 지도자들은 민주화 투쟁이 희망이 없다고 느낄 때 그 절망감에서 벗어나고자 협상을 추구해야한다는 압박을 느끼기도 합니다. 그러나 이런 무력감은 바뀔 수있습니다. 독재정권은 영원하지 않습니다. 독재정권하에 사는사람들은 무기력하게 살 필요가 없으며 독재자가 무한히 권력을쥐고 있도록 놔둬서는 안 됩니다. 아리스토텔레스는 오래 전에다음과 같이 말했습니다. "과두정치와 폭정은 다른 어떤 체제보다 수명이 짧다. … 어느 경우를 보나 독재는 절대 오래 가지 못한다."* 현대의 독재정권들 역시 약점이 있습니다. 이 약점을 파고들 수 있고, 그렇게 하면 독재자의 권력도 무너뜨릴 수 있습니다. (4장에서 독재정권의 약점에 대해 자세히 살펴보고자 합니다.)

최근의 역사는 독재정권이 얼마나 취약하며 얼마나 짧은기간에 무너질 수 있는지를 보여줍니다. 폴란드에서 공산당 독재를 무너뜨리기까지 1980년부터 1990년까지 10년이 걸렸지만, 1989년 동독과 체코슬로바키아에서는 몇 주밖에 안 걸렸습니다. 1944년 엘살바도르와 과테말라에서는 견고하게 자리 잡은 잔혹

---

*   Aristotle, *The Politics*, transl. by T. A. Sinclair (Harmonsworth, Middlesex, England and Baltimore, Maryland: Penguin Books 1976962], Book V, Chapter 12, pp. 231 and 232.

한 군사독재에 대한 투쟁이 각각 2주 정도밖에는 걸리지 않았습니다. 강력한 군사력을 보유한 이란의 샤 정권은 몇 달 만에 무너졌습니다. 필리핀의 마르코스 독재정권은 1986년 민중의 힘 앞에 몇 주밖에 버티지 못했습니다. 저항세력의 승리가 확실해지자 미국 정부는 재빨리 마르코스 대통령을 포기했죠. 1991년 8월 소련 강경파의 쿠데타 시도는 정치적 저항에 의해 며칠 만에 차단되었습니다. 그 후로 오랫동안 연방에 속해 지배를 받았던 나라들이 며칠이나 몇 주 혹은 몇 달 만에 독립을 되찾았습니다.

폭력을 사용하면 변화를 빨리 가져올 수 있고 폭력을 사용하지 않으면 시간이 오래 걸린다는 선입관은 확실히 옳지 않습니다. 저변에 깔려 있는 상황과 사회의 변화를 위해서는 시간이 오래 걸리는 것이 사실이지만, 독재정권에 대항하는 실제 싸움에서는 비폭력 투쟁의 경우가 상대적으로 더 짧게 끝나기도 합니다

협상은 전쟁을 지속해 끝장으로 치달을 것이냐 항복할 것이냐 하는 문제에서 유일한 대안이 아닙니다. 1장에서 보여준 예시와 방금 언급한 사례는 **평화와 자유, 이 모두**를 원하는 사람들에게 다른 대안이 존재한다는 것을 보여줍니다. 그것은 바로 정치적 저항입니다.

3장

권력은 어디에서 나오는가?

자유로우면서 동시에 평화로운 사회를 구현하는 것은 물론 쉬운 일이 아닙니다. 그러기 위해서는 뛰어난 전략적 기술과 조직, 그리고 계획이 필요합니다. 무엇보다도 힘이 필요합니다. 민주화세력이 자신의 힘을 효과적으로 사용할 줄 모른다면 독재정권을 무너뜨리거나 정치적 자유를 확립할 수 없습니다.

그렇다면 독재정권을 무너뜨리는 것은 어떻게 가능할까요? 민주저항세력이 어떤 종류의 힘을 동원해야 독재정권과 그 정권의 막대한 군사력과 경찰력을 무너뜨릴 수 있을까요? 이 물음에 대한 답은 우리가 자주 간과하는 정치권력을 이해하는 데 달려 있습니다. 정치권력을 이해하는 것은 그리 어려운 일이 아닙니다. 기본적인 원리는 아주 단순합니다.

'원숭이 주인' 우화

14세기 중국의 유기(劉基)가 남긴 아래 우화는 정치권력에 대해 흔히 간과하고 있는 사실을 잘 그려내고 있습니다.*

> 초나라에 어떤 노인이 원숭이를 키우며 생계를 유지했다. 초나라 사람들은 그를 '저공(狙公, 원숭이 주인)'이라고 불렀다.
>
> 저공은 매일 아침 앞마당에 원숭이들을 모아놓고 가장 나이 많은 원숭이에게 원숭이들을 데리고 가서 덤불이나 나무에 있는 과일을 따오게 시켰다. 원숭이들은 따온 과일의 십 분의 일을 노인에게 바쳐야 했다. 그렇지 않으면 무자비하게 매질을 당했다. 원숭이들은 모두 치를 떨었지만 감히 아무도 대들거나 불평하지 못했다.
>
> 어느 날 작은 원숭이 하나가 다른 원숭이들에게 물었

---

* 본래 '속임수에 의한 통치'라는 제목의 이 이야기는 유기(劉基, 1311-1375)의 〈욱리자郁離子〉에 실린 것을 시드니 타이(Sidney Tai)가 영문으로 옮긴 것이다. 욱리자는 유기의 필명이기도 하다. 번역본의 출처는 다음과 같다: *Nonviolent Sanctions: News from the Albert Einstein Institution* (Cambridge, Mass.), Vol. IV, No. 3 (Winter 1992-1993). p. 3.

다. "이 과일나무와 덤불을 전부 저공이 심었니?" 다른 원숭이들이 대답했다. "아니. 그냥 자란 거야." 작은 원숭이가 계속 물었다. "저공의 허락 없이 우리가 과일을 딸 수는 없는 거니?" 나머지가 대답했다. "물론, 그럴 수 있지." 작은 원숭이가 계속 말했다. "그러면 왜 우리가 저공한테 허락을 받아야 하지? 왜 우리가 그를 섬겨야 하는 거니?"

말이 끝나기도 전에 원숭이들이 갑자기 깨닫고 각성하게 되었다.

그날 밤 노인이 잠든 후 원숭이들은 우리를 부수고 울타리를 완전히 허물었다. 그들은 저공이 모아놓은 과일을 전부 가지고 숲속으로 가버렸고 다시는 돌아오지 않았다. 저공은 결국 굶어 죽고 말았다.

욱리자(郁離子)는 "세상에는 정의로운 원칙이 아니라 잔꾀를 가지고 백성을 부려 무도하게 법을 쓰는 자들이 있다. 그야말로 저공과 같은 자가 아닌가? 그 사람들은 자신들이 멍청하다는 것을 깨닫지 못하고 있다. 그들의 백성이 이 사실을 깨닫게 되는 순간 그들의 잔꾀는 더 이상 통하지 않는다"라고 말했다.

정치권력의 필수적인 원천

원리는 간단합니다. 독재자는 자신이 통치하는 인민의 도움이 필요합니다. 인민의 도움 없이는 독재자가 정치권력의 원천을 확보하거나 유지할 수 없습니다. 이러한 정치권력의 원천에는 다음과 같은 것들이 포함됩니다.

- **권위**: 정권에 정당성이 있고 정권에 복종할 도덕적 의무가 있다는 대중의 믿음.
- **인적자원**: 통치자에게 복종하고 협조하거나 도움을 제공하는 개인이나 집단의 숫자와 영향력.
- **기술과 지식**: 정권이 구체적인 행동을 할 때 필요한 것으로 정권에 협조하는 개인과 집단이 제공한다.
- **무형의 요소들**: 대중이 통치자에게 복종하고 통치자를 지원하도록 만드는 심리적·사상적 요인들.
- **물적 자원**: 통치자가 토지와 천연자원, 금융 자원, 경제체제, 통신, 운송 수단을 통제하고 접근할 수 있는 정도.
- **제재**: 정권을 유지하고 정책을 수행하는 데 필요한 복종과 협조를 확보하기 위해 복종하지 않는 자들과 협조하지 않는 사람들을 위협하거나 처벌하는 것.

그러나 이 모든 권력의 원천은 그냥 보장되지 않습니다. 사람들이 정권을 받아들이고 복종하며 또 대다수 사람들과 많은 사회조직들이 협조할 때만 보장됩니다.

어느 정부든 완전한 협조와 복종, 지원이 이루어지면 권력의 원천에 대한 접근성이 높아지고 결과적으로 정부의 권력 역량이 확대됩니다.

반대로 대중과 조직들이 침략자와 독재자에게 협조하지 않으면 모든 통치자가 의존하는 권력의 원천에 대한 접근성이 낮아지고 완전히 차단되기도 합니다. 권력의 원천을 이용할 수 없게 되면 통치자의 권력은 위축되고 마침내 붕괴하게 되죠.

당연한 말이지만 독재자는 자신의 권력을 위협하는 행동이나 사상에 민감합니다. 그렇기 때문에 독재자는 불복종이나 비협조, 파업을 하는 사람들을 협박하고 처벌하는 것입니다. 그렇다고 끝난 게 아닙니다. 억압과 잔학 행위조차 정권 유지에 필요한 복종과 협조를 만들어내지는 못합니다.

만약 탄압에도 불구하고 권력의 원천이 상당 기간 제한되거나 차단된다면, 제일 먼저 독재정권 내부에서 불안과 혼란이 나타날 것입니다. 뒤이어 독재자의 권력은 눈에 띄게 약해질 것입니다. 권력의 원천을 빼앗긴 채로 시간이 지나면 정권이 마비되거나 무기력해지며 심각한 경우에는 와해될 수도 있습니다. 독재자의 권력은 점진적으로 혹은 급속하게 소멸되며 결국 정치적으로 아사하게 됩니다.

어떤 정부가 자유로운지 혹은 폭압적인지의 여부는 많은 부분 자유에 대한 투지와 의지, 노예화에 저항하는 능력을 피통치자들이 얼마나 가지고 있는지에 달렸습니다.

널리 알려진 견해와는 달리 전체주의 독재정권 또한 그들이 지배하는 대중과 사회로부터 권력의 원천을 제공받아야 유지될 수 있습니다. 1953년 정치과학자인 칼 W. 도이치는 다음과 같이 말했습니다.

> 전체주의적 권력은 너무 자주 사용하지 않을 때에만 힘을 발휘한다. 만약 전체주의적 권력이 모든 대중을 상대로 늘 사용된다면 그 권력은 오랫동안 강력하게 버티지는 못할 것이다. 전체주의 정권은 피통치자들을 통치하는 데 다른 어떤 정부 형태보다 더 많은 권력이 필요하고, 그렇기 때문에 대중들 사이에 확실하게 복종하는 습관이 널리 퍼져 있어 거기에 의존해야만 한다. 나아가 필요에 따라서는 최소한 대중의 상당수로부터 적극적인 지지를 받을 수 있어야 한다.*

---

*   Karl W. Deutsch, "Cracks in the Monolith," in Carl J. Friedrich, ed., *Totalitarianism* (Cambridge, Mass.: Harvard University Press, 1954), pp. 313–314.

19세기 영국의 법학자 존 오스틴은 불만을 품은 민중을 맞닥뜨린 독재정권의 상황에 대해 말했습니다. 그는 만약 민중의 대부분이 정부를 무너뜨리기로 결심하고 그에 따르는 탄압을 견디고자 한다면 정부와 그 지지자들은 외국의 지원을 받더라도 민중에게 미움받는 정부를 힘으로 지킬 수 없다고 주장했습니다. 저항하는 민중을 다시 복종하고 지배받는 상태로 돌려놓는 것은 영원히 불가능하다고 오스틴은 결론지었습니다.*

니콜로 마키아벨리는 이보다 훨씬 전에 다음과 같이 주장했습니다. "전체 대중을 적으로 돌리면 자신의 자리를 지킬 수 없다. 그가 무자비하게 행동할수록 그의 정권은 더욱 약해질 것이다."**

이러한 통찰이 실제 정치 상황에 적용된 예로는 나치 점령에 대항해 용감하게 싸웠던 노르웨이 사람들의 저항이 있습니다. 1장에서 인용한 폴란드인과 독일인, 또 체코인과 슬로바키아인의 용감한 투쟁과 공산당의 침략과 독재에 저항하고 마침내 유

---

* John Austin, *Lectures on Jurisprudence or the Philosophy of Positive Law* (Fifth edition, revised and edited by Robert Campbell, 2 vol., London: John Murray, 1911[1861]), Vol.1, p. 254.

** Niccolo Machiavelli, "The Discourses on the First Ten Books of Livy," in *The Discourses of Niccolo Machiavelli* (London: Routledge and Kegan Paul, 1950), Vol 1, p. 254.

럽에서 공산당 지배를 무너뜨린 이들이 이에 해당됩니다. 물론 이러한 비폭력 저항이 새로운 현상은 아닙니다. 비폭력 저항의 사례는 아무리 늦춰 잡아도 로마 평민이 그들을 지배하는 귀족에게 협조하지 않기로 결정한 기원전 494년까지 거슬러 올라갑니다.* 비폭력 저항은 유럽뿐만 아니라 아시아와 아프리카, 아메리카와 오스트레일리아, 태평양 군도 전역까지 여러 시대에 걸쳐 많은 인민들이 사용해오고 있는 방법입니다.

그러므로 정부 권력에 대한 통제 정도를 결정하는 가장 중요한 요소 가운데 세 가지는 다음과 같습니다. 첫째, 정부 권력을 견제하고자 하는 대중의 상대적인 **욕구**. 둘째, 피통치자 조직과 단체 들이 정부로부터 권력의 원천을 집단적으로 철회할 수 있는 상대적인 **힘**. 마지막으로, 정부에 대한 동의와 지지를 보류할 수 있는 대중의 상대적인 **능력**.

민주적 권력의 축들

민주주의 사회의 특징 가운데 하나는 국가로부터 독립적인 비정부 단체와 동호회가 다수 존재한다는 것입니다. 가정, 종교 단체, 문화단체, 운동 동호회, 경제 기관, 노동조합, 학생 단체, 정

---

*   Gene Sharp, *The Politics of Nonviolent Action* (Boston: Porter Sargent, 1973), p. 75. 그 밖의 역사적 사례들은 같은 책의 다른 쪽들을 참조하라.

당, 마을, 지역단체, 원예 동호회, 인권 단체, 문학 동호회 등이 여기에 속합니다. 이러한 사회조직들은 조직의 본래 목적을 이루는 것뿐만 아니라 사람들이 사회적 욕구를 채우는 데도 중요한 역할을 합니다.

게다가 이러한 조직들은 정치적으로도 아주 중요합니다. 이러한 조직들을 기반으로 사람들은 사회가 나아가는 방향에 영향력을 행사하며 다른 단체나 정부가 자신들의 이해관계와 활동 혹은 목적을 부당하게 침해할 때 저항할 수 있습니다. 이러한 그룹에 속하지 않은 고립된 개인은 대개 사회에 유의미한 영향력을 행사하지 못합니다. 정부는 개인보다 훨씬 더 큰 영향력을 갖고 있고, 독재정권은 말할 것도 없습니다.

결과적으로, 만일 이런 조직들이 자율성과 자유를 독재자에게 빼앗기면 대중은 상대적으로 더 무력해질 것입니다. 나아가 이런 단체들이 중앙정부에 의해 통제를 받거나 아예 새로운 관제 단체로 교체될 경우에는 사회를 구성하는 개인들과 사회의 관련 영역을 모두 통제하는 도구로 이용될 수도 있습니다.

한편 (정부의 통제를 받지 않는) 독립적인 민간 조직들의 자율성이나 자유가 계속 유지되거나 회복된다면 이 단체들은 정치적 저항에서 매우 중요한 역할을 하게 됩니다. 앞서 인용한 대로 독재정권이 와해되거나 약화된 사례들에서 공통적으로 나타나는 특징이 있습니다. 바로 정치적 저항이 대중과 조직들에 의해 용기 있게 **집단적으로** 일어났다는 것입니다.

앞서 말했다시피 이러한 권력의 축들은 대중이 독재적인 통제에 저항하고 압력을 행사할 수 있는 제도적인 기반을 제공합니다. 이 단체들은 장차 자유로운 사회에 필수불가결한 구조적 기반의 일부가 될 것입니다. 따라서 이 단체들이 계속 독립을 유지하고 성장하는 것이 해방 투쟁에서 성공하기 위한 전제조건이 됩니다.

만약 독재정권이 사회의 독립된 조직을 상당수 파괴하거나 통제하는 데 성공하면, 저항세력은 독립적 사회집단이나 단체를 새로 조직하거나, 완전히 혹은 부분적으로 살아 있는 조직들을 민주적으로 통제하고 회복시켜야 합니다. 1956~1957년 헝가리 혁명 당시 수많은 민주적 자치기구가 만들어졌고, 이 기구들이 모여서 몇 주간 전체 연방 단위의 지배구조와 제도를 확립하는 데 참여하기도 했습니다. 1980년대 후반 폴란드에서는 노동자들이 법외노조인 '자유연대Solidarity' 조직을 지켜나갔고, 경우에 따라서는 공산당 통제하의 공인 노조를 장악하기도 했습니다. 이러한 조직의 성장은 정치적으로 매우 중요한 결과를 가져올 수 있습니다.

물론 독재를 약화시키거나 무너뜨리는 것은 쉬운 일이 아니며, 모든 시도가 성공할 것이라고 말할 수 없습니다. 투쟁에 사상자가 없을 것이라는 뜻도 절대 아닙니다. 왜냐하면 여전히 독재자를 지지하는 사람들은 대중에게 다시 협조와 복종을 강요하고자 반격을 가할 것이기 때문입니다.

　그렇지만 권력에 대한 이와 같은 통찰은 독재정권을 계획적으로 무너뜨리는 것이 가능하다는 것을 의미합니다. 특히 독재정권은 전략적으로 실행되는 정치적 저항에 매우 취약합니다. 이런 특징에 대해 더 자세히 살펴보도록 하겠습니다.

4장

독재정권의 약점

독재정권은 때로는 난공불락의 요새처럼 보입니다. 권력을 잡은 소수가 정보기관, 경찰, 군대, 감옥, 수용소, 암살단을 통제합니다. 독재자는 나라의 재정과 천연자원, 생산능력을 자기 마음대로 약탈하며, 자신의 욕구를 충족하기 위해 이것들을 사용합니다.

독재자에 비해 민주저항세력은 극도로 힘이 없고 비효율적이며 무력해보입니다. 이처럼 독재정권은 막강하고 저항세력은 무력하다는 인식은 효과적인 저항운동을 가로막습니다.

그렇다고 끝난 게 아닙니다.

아킬레스건 알아내기

고대 그리스신화에는 무적이라 여겨졌던 이도 치명적인 약점을 가지고 있다는 것을 잘 보여주는 일화가 나옵니다. 전사 아킬레스는 어떤 공격에도 다치지 않았고 어떤 칼도 그의 피부를 뚫지 못했다고 합니다. 그가 아기였을 때 그의 어머니가 신비한 스틱스 강에 그를 담가 모든 위험으로부터 보호를 받을 수 있게 되었기 때문이죠. 그러나 한 가지 문제가 있었는데, 아기가 물에 휩쓸리지 않도록 발꿈치를 잡고 있었기 때문에 신비한 강물이 아기의 발꿈치에만은 닿지 않았습니다. 아킬레스는 자라서 적의 모든 무기에도 끄떡없는 무적의 전사로 이름을 떨쳤습니다. 그러나 트로이와 전쟁을 하던 중, 그의 약점을 전해들은 적군 병사 하나가 그에게 상처를 입힐 수 있는 유일한 부위, 곧 아킬레스의 발꿈치를 겨냥해 화살을 쐈습니다. 이 한 방이 아킬레스에게는 치명적이었죠. 오늘날까지도 '아킬레스건(발꿈치)'은 개인이나 계획 혹은 조직의 어쩔 수 없는 치명적 약점을 가리키는 표현으로 쓰입니다.

똑같은 원리를 무자비한 독재정권에도 적용할 수 있습니다. 독재정권 역시 무너뜨릴 수 있습니다. 약점을 알아내고 그것에 공격을 집중했을 때 독재정권을 가장 빠르게, 최소 비용으로 무너뜨릴 수 있습니다.

독재정권의 약점

독재정권은 다음과 같은 약점을 갖고 있습니다.

- 체제를 운영하는 데 필요한 다수의 대중과 집단, 조직의 협조가 제한되거나 철회될 수 있다.
- 과거 시행했던 정책의 필요조건과 효과가 현재 정권이 과거 정책과 상충하는 정책을 선택하고 실행하는 데 필요한 능력을 일부 제약한다.
- 체제 운영이 일정한 틀에 박혀 있어서 새로운 상황에 신속하게 적응하는 것이 어려울 수 있다.
- 기존의 과업에 배치된 요원과 자원을 새로운 수요에 맞춰 이동하기가 쉽지 않다.
- 하급자들이 상관의 심기를 상하게 할까 두려워서 독재자가 결정을 내리는 데 필요한 정확하고 완전한 정보를 보고하지 않을 수 있다.
- 이데올로기가 쇠퇴하고 체제의 신화와 상징들이 흔들릴 수 있다.
- 개인의 현실관을 지배하는 강력한 이데올로기에 너무 집착하면 실제 상황과 요구에 둔감해질 수 있다.
- 관료제의 효율성 악화와 능률 저하 혹은 과도한 통제와 규제로 인해 체제가 작동하고 운영되는 것이 효과

적이지 않게 될 수 있다.

• 독재정권 내부의 갈등, 개인 간의 경쟁과 적대감이 독재정권 운영에 해를 끼치거나 심지어 분열로 이어질 수 있다.

• 지식인과 학생들이 사회 여건과 규제, 교조주의, 탄압에 반발할 수 있다.

• 일반 대중은 시간이 지남에 따라 정권에 냉담하고 회의적이 되며 심한 경우 적대적으로 변할 수도 있다.

• 지역, 계층, 문화 혹은 민족 간 갈등이 심각해질 수 있다.

• 독재정권 내부의 위계질서는 항상 어느 정도는 불안정하며 때로 심각하게 흔들릴 수 있다. 사람들이 똑같은 지위에 남아 있기도 하지만 승진하거나 강등되기도 하고 혹은 완전히 제거되어 다른 사람이 자리를 차지하기도 한다.

• 경찰이나 군부가 자신의 목적을 이루기 위해 움직이고, 심지어 기존의 독재자에 맞서 쿠데타를 일으킬 수 있다.

• 새로운 독재정권이 들어서는 경우 자리를 잡기까지 시간이 걸린다.

• 극소수 사람들이 너무 많은 의사결정을 하다 보니

판단을 내리고 정책을 수립하거나 실행하는 데 실수하
기가 쉽다.

• 정권이 이런 위험을 피하기 위해 통제와 의사결정을
분산시키면 권력의 중심축에 대한 통제도 점차 약해질
것이다.

독재정권의 약점 공격하기

독재정권의 이런 약점을 바탕으로 민주저항세력은 체제를
급진적으로 바꾸거나 무너뜨리기 위해 의도적으로 이 '아킬레스
건'을 찾아 파고드는 방법을 모색할 수 있습니다.

그렇다면 결론은 명백합니다. 겉으로는 아무리 강력해 보
이더라도 모든 독재정권은 내부의 비효율성, 개인 간의 경쟁, 조
직적 비효율성, 그리고 조직과 부서 간의 갈등과 같은 약점을 가
지고 있습니다. 시간이 지날수록 독재정권의 효율성은 떨어지고
변화하는 상황과 계획적으로 일어나는 저항에 더욱 취약해집니
다. 정권이 하고자 마음먹은 모든 일을 전부 성취하지는 못하게
됩니다. 예를 들면 히틀러가 직접 지시한 명령조차도 때로는 결
코 시행되지 않았는데 부하들이 그의 명령을 거부했기 때문입니
다. 독재정권은 우리가 이미 살펴본 바와 같이 때로는 순식간에
무너질 수 있습니다.

물론 위험이나 사상자 없이 독재정권을 무너뜨릴 수 있다

는 뜻은 아닙니다. 해방을 위한 모든 행동 과정에는 위험과 잠재적 고통이 따르며 시간이 걸립니다. 그리고 물론 어떤 방법도 신속한 성공을 보장하지 않습니다. 그러나 독재정권의 약점을 파악하고 그 약점을 겨냥하는 투쟁 방식은 독재정권이 명백히 우세한 분야에서 싸우는 것보다 성공할 확률이 훨씬 더 높습니다. 문제는 **어떻게** 이 투쟁을 전개하느냐입니다.

5장

실력 행사하기

1장에서 살펴본 대로 독재정권에 대항하여 군사력으로 저항하는 것은 독재정권의 가장 약한 곳이 아니라 가장 강한 곳을 공격하는 것입니다. 군사력, 무기 공급, 무기 기술 같은 분야에서 저항세력이 독재정권과 힘을 겨룬다면 불리할 수밖에 없습니다. 독재정권은 언제나 이런 영역에서 훨씬 더 많은 물자를 조달할 수 있기 때문이죠. 독재정권과 맞서기 위해 외부세력의 힘에 의지하는 것이 가져올 위험에 대해서도 이미 언급했습니다. 2장에서는 독재자를 제거하기 위해 협상이라는 방법에 의존하는 것이 어떤 문제가 있는지 검토했습니다.

그렇다면 독재정권의 약점을 악화시키면서 저항세력에게

확실하게 유리한 방법은 무엇이 있을까요? 3장에서 살펴본 정치 권력 이론을 활용할 수 있는 행동 기술은 무엇이 있을까요? 대안 은 바로 정치적 저항입니다.

정치적 저항은 다음과 같은 특징을 가지고 있습니다.

- 독재정권이 선택한 방식에 의해 싸움의 결과가 결정 된다는 견해를 받아들이지 않는다.
- 정권이 정치적 저항에 맞서 싸우기 어렵다.
- 저항운동은 특히 독재정권의 약점을 파고들어 권력 의 원천을 차단할 수 있다.
- 실전에서 광범위한 영역에 분산해서 적용할 수도 있 고 특정 목표에 집중할 수도 있다.
- 독재자의 판단과 행동에 오류를 일으킨다.
- 소수의 잔혹한 지배를 끝내기 위한 투쟁에 전체 대 중과 사회단체 및 조직들을 효과적으로 참여하게 할 수 있다.
- 사회 내 권력 분배를 촉진해 민주주의 사회의 확립 과 유지를 가능하게 한다.

비폭력 투쟁의 실제

정치적 저항은 군사적 수단과 마찬가지로 여러 가지 목적을 위해 사용할 수 있습니다. 상대방이 다른 행동을 취하도록 영향을 미치는 것에서부터 평화적으로 갈등을 해결하기 위한 조건을 만들거나 상대 정권을 분열시키는 것까지 여러 가지가 여기에 포함됩니다. 그러나 정치적 저항은 폭력과는 아주 다른 방식으로 작동합니다. 물론 두 가지 방식이 모두 일종의 투쟁 방법이라는 면에서는 일치하지만, 투쟁 수단과 결과는 완전히 다릅니다. 폭력적 투쟁의 방식과 결과는 잘 알려져 있습니다. 물리력을 가진 무기에 의한 협박과 살상, 파괴가 발생하죠.

비폭력 투쟁은 폭력 투쟁보다 훨씬 더 복잡하고 다양한 투쟁 방식을 사용합니다. 비폭력 투쟁은 폭력 대신 심리적·사회적·경제적·정치적 무기를 사용하며 이것의 사용 주체는 대중과 사회집단입니다. 비폭력 투쟁은 항의, 파업, 비협조, 보이콧, 소요, 민중의 힘 등 다양한 이름으로 알려져 있습니다. 앞서 언급한 대로 모든 정부는 대중과 사회집단의 협조와 굴복, 복종을 통해 권력의 원천을 계속 공급받지 않는 한 통치를 지속할 수 없습니다. 정치적 저항은 폭력 투쟁과 달리 권력의 원천을 단절시키는 데 특히 적합합니다.

비폭력 무기와 규율

과거에 일어났던 즉흥적으로 조직된 정치적 저항운동이 공통적으로 저지른 실수는 파업이나 대규모 시위 같은 한두 가지 방법에만 의존했다는 것입니다. 저항세력의 전략가들이 필요에 따라 저항을 집중하거나 분산할 수 있는 수많은 방법이 있는데도 말입니다.

비폭력 행동의 구체적인 방법으로 알려져 있는 것만 200여 개에 달하고, 실제로는 그보다 훨씬 더 많은 방법이 있습니다. 이러한 방법은 크게 세 가지, 즉 항의와 설득, 비협조, 개입으로 나눌 수 있습니다. 항의와 설득은 대개 상징적인 시위인데, 행진, 가두시위, 철야농성을 포함하여 54가지 방법이 있습니다. 비협조는 다시 다음과 같은 세 가지 범주로 나뉩니다. 사회적 비협조 16가지, 보이콧 26가지와 파업 23가지를 포함하는 경제적 비협조, 그리고 정치적 비협조 38가지가 그것입니다. 마지막 범주인 개입은 심리적·물리적·사회적·경제적·정치적 방법을 사용하며, 이러한 방법에는 단식, 비폭력 점거, 대안 정부 수립을 포함해서 모두 41가지 방법이 있습니다. 이들 198가지 방법의 목록은 이 책에 부록으로 실려 있습니다.

이러한 다양한 방법을 신중하게 선택해서, 지속적이고 대규모로 훈련받은 시민들이 현명한 전략과 적합한 전술을 사용한다면 어떤 부당한 정권을 상대하더라도 정권에 심각한 문제를 일으킬 수 있을 것입니다. 이것은 모든 독재정권에 적용됩니다.

비폭력 투쟁 방식은 군사적 수단과는 달리 쟁점이 되는 사안에 직접 초점을 맞출 수 있습니다. 예를 들어 독재정권의 문제가 일차적으로 정치적인 것이라면 정치적 형태의 비폭력 투쟁이 매우 효과적이겠죠. 독재자의 정당성을 부정하는 것이나 정권에 비협조하는 것이 대표적인 방법입니다. 비협조는 특정 정책을 대상으로 실시할 수도 있습니다. 때로는 조용히, 심지어 비밀리에 지연 전술을 쓰기도 하고 어떤 경우에는 모든 사람이 볼 수 있게 공개적인 불복종이나 항의성 대중시위, 파업을 할 수도 있습니다.

한편 독재정권이 경제적 압력에 취약하거나 혹은 그 정권에 대한 대중의 불만이 주로 경제적인 문제라면 보이콧이나 파업과 같은 경제적 행동이 적절한 방법이 될 수 있습니다. 경제체제를 착취하려는 정권의 시도는 총파업과 태업, 필수 전문직의 협조 거부(혹은 철회)에 의해 한계에 부딪힐 수 있습니다. 생산, 운송, 원자재 공급, 생산품 유통 등 중요한 지점에서 여러 가지 종류의 파업을 선택하여 사용할 수도 있겠죠.

어떤 비폭력 투쟁 방법은 사람들로 하여금 일상과는 관계없는 행동을 하도록 요구합니다. 예를 들면 유인물 배포, 지하언론 활동, 단식투쟁, 연좌시위 등이 여기에 해당됩니다. 이 방법들은 아주 극단적인 상황을 제외하면 어떤 사람들은 행동에 참여하기가 어려울 수 있습니다.

반면에 어떤 비폭력적인 방법은 사람들에게 일상생활을 계속하면서 약간 다르게 행동할 것을 요구합니다. 예를 들면 파업을 하는 대신 직장에 출근하여 고의로 평소보다 훨씬 느리게 일을 하거나 혹은 비효율적으로 일을 할 수 있습니다. 또 의식적으로 '실수'를 더 많이 할 수도 있습니다. 어떤 때는 '아파서' 혹은 '피치 못할 사정'으로 일을 할 수 없습니다. 그냥 일을 거부할 수도 있겠죠. 종교적 신념뿐만 아니라 정치적 신념에 대해서도 설파하는 종교의식에 참여할 수도 있습니다. 홈스쿨링이나 인가받지 않은 대안학교를 통해 억압자들의 선전을 차단할 수도 있습니다. 이전에는 선택의 자유가 없이 의무적으로 가입해야 했거나 가입이 적극 '권장'되었던 조직에 가입하기를 거부할 수도 있습니다. 이런 종류의 행동은 일상생활과 비슷하거나 일상에서 크게 벗어나지 않기 때문에 많은 사람들이 전국적인 해방 투쟁에 참여하는 것을 훨씬 쉽게 만듭니다.

비폭력 투쟁과 폭력 투쟁은 근본적으로 다른 방식으로 작동하기 때문에 정치적 저항운동을 하는 동안 저항 폭력이 조금만 발생해도 역효과를 낳습니다. 그로 인해 투쟁 양상이 독재자가 압도적으로 우세한 방식(무력 분쟁)으로 바뀌기 때문이죠. 성공의 열쇠는 비폭력에 대한 규율이며 독재자나 끄나풀들이 도발하고 잔혹한 행동을 하더라도 비폭력을 고수해야 합니다.

폭력을 쓰는 적에 대항하여 비폭력 규율을 유지하는 것은 비폭력 투쟁의 네 가지 작동 원리(이제 곧 이야기할 것입니다)를 촉진합니다. 비폭력 규율은 또한 정치적 유술(柔術, 상대의 힘을 역이용하여 상대를 제압하는 방법의 은유)의 과정에서도 무척 중요합니다. 이 과정에서 명백하게 비폭력적인 저항세력에 대한 독재정권의 노골적인 잔학 행위는 독재자의 입지에 정치적인 반향을 불러일으킵니다. 일반 대중과 독재정권의 지지자, 그리고 제삼자 들이 저항세력을 지지하는 분위기를 조성할 뿐 아니라 독재정권 내부에도 갈등을 초래합니다.

독재정권에 대항하여 제한적으로 폭력을 사용하는 것이 불가피한 경우도 있습니다. 정권에 대한 좌절감과 혐오가 폭력으로 분출될 수도 있습니다. 혹은 특정 집단이 비폭력 투쟁의 중요성를 알면서도 폭력적인 방법을 포기하지 않으려 들 수도 있겠죠. 이러한 경우라도 정치적 저항을 포기할 필요는 없습니다. 그러나 폭력적인 행동을 비폭력 행동에서 가능한 한 멀리 떼어놓을 필요가 있습니다. 지리적, 인적, 시간적으로나 사안에 따른 분리가 이루어져야 합니다. 그렇지 않으면 훨씬 더 강력하고 성공 가능성이 높은 정치적 저항운동의 잠재력이 폭력에 의해 심하게 훼손될 수 있습니다.

정치적 저항에서도 사상자가 발생하지만 그 수는 무력 투쟁에서보다 훨씬 적다는 것을 역사적 기록이 보여줍니다. 게다가 비폭력 투쟁 방식은 살인과 잔혹 행위의 끝없는 악순환을 종식시킵니다.

비폭력 투쟁은 정부와 정부의 폭력적인 탄압에 대한 두려움을 극복하기를 요구하는 동시에 두려움을 극복하는 것을 도와줍니다. 정부를 두려워하지 않거나 두려움을 관리하는 것은 일반 대중에 대한 독재자의 권력을 무너뜨리는 데 핵심적인 요소입니다.

개방성과 비밀성, 높은 도덕성

비밀, 속임수, 지하 음모는 비폭력 운동에 매우 곤란한 문제를 초래합니다. 정치경찰과 정보 요원에게 운동의 목적과 계획을 숨기는 것은 거의 불가능합니다. 운동의 관점에서 볼 때 비밀주의는 두려움 때문에 생겨나며 동시에 두려움을 양산합니다. 이것은 저항운동의 정신을 훼손하고 행동에 참여할 수 있는 사람들의 수를 감소시킵니다. 누가 상대의 정보원 혹은 끄나풀인지에 관해 운동 내부에 근거 없는 의심과 비난을 일으킬 수도 있습니다. 또한 비밀주의는 운동이 비폭력 기조를 유지하는 것을 방해하기도 합니다. 반면 운동의 의도와 계획을 공개하면 비밀주의일 때와는 정반대의 효과를 가져올 뿐 아니라 저항운동이 실제로 매우 강력하다는 인상을 줄 수 있습니다. 물론 문제는 이것보다 복잡하며, 저항운동에서 어떤 측면은 비밀이 요구되기도 합니다. 이럴 때는 구체적인 상황에서 비폭력 투쟁의 역학과 독재정권의 감시 방법 모두를 잘 알고 있는 사람이 충분한 정보에 근거하여 판단할 필요가 있습니다.

높은 비밀성이 요구되는 특별한 종류의 활동에는 지하 출판물의 편집과 인쇄, 배포, 국내에 근거를 둔 불법 라디오 방송, 독재정권의 운영에 대한 정보 수집 같은 것이 있습니다.

비폭력 행동에서 높은 도덕적 기준을 준수하는 것은 투쟁의 모든 단계에 꼭 필요합니다. 대담함이나 비폭력 규율의 유지 같은 요소는 늘 요구됩니다. 특정한 변화를 일으키기 위해서는 대개 많은 사람들이 필요하다는 것을 기억해야 합니다. 운동이 높은 도덕성을 유지할 때만이 이렇게 많은 수의 믿을 만한 참가자들을 모을 수 있습니다.

권력관계 움직이기

전략을 세우는 사람들은 정치적 저항 방식을 적용한 투쟁이 운동과 반대 운동의 계속되는 상호작용으로 끊임없이 변하는 투쟁의 장소임을 기억할 필요가 있습니다. 모든 것은 변합니다. 절대적이든 상대적이든 권력관계 역시 끊임없이 그리고 급속히 변합니다. 이러한 변화는 탄압에도 굴하지 않고 비폭력 투쟁을 지속하는 저항세력의 노력 덕분에 가능합니다.

비폭력 투쟁에서 양측의 권력 변화는 폭력 투쟁에서보다

더 극단적이며, 더 빨리 일어날 수 있고, 정치적으로 중요한 다양한 결과를 가져오기 쉽습니다. 이러한 변화 때문에 저항세력의 행동이 그 행동이 일어난 특정한 때와 장소를 넘어서는 결과를 가져올 수 있습니다. 이러한 결과는 다시 여러 집단의 권력이 강화되거나 약화되는 데 영향을 미칩니다.

더욱이 비폭력 집단은 행동을 통해 **상대 집단**의 권력을 확대시키거나 축소시키는 데 상당한 영향력을 행사할 수 있습니다. 예를 들면 독재자의 잔혹 행위에 맞선 용감하고 잘 규율된 비폭력 저항은 독재자의 명령을 실행하는 군인들과 대중의 불안, 불만, 신뢰의 상실을 유발하고 극단적인 경우에는 반란으로 이어지게 만들기도 합니다. 저항은 독재정권에 대한 국제사회의 규탄을 증가시키는 결과를 낳기도 합니다. 게다가 잘 규율되어 있고, 전략적이며, 지속적으로 실행된 정치적 저항은 대체로 독재자를 묵묵히 지지하거나 혹은 중립적인 태도를 취하고 있는 사람들이 점점 더 많이 저항운동에 참여하는 결과로 나타나기도 합니다.

변화의 네 가지 작동 방식

비폭력 투쟁은 주로 네 가지 방법으로 변화를 가져옵니다. 첫 번째 방법은 불가능하지는 않지만 일어날 가능성이 가장 낮습니다. 반대 집단의 구성원들이 용감한 비폭력 저항자들에게 가해지는 탄압의 가혹함에 감정적으로 동하거나 저항하는 사람들의 대의가 정당하다고 이성적으로 설득되어 저항세력의 목표를 받아들일 수도 있습니다. 이러한 과정을 **전향**이라고 합니다. 비폭력 행동에서 이러한 전향은 때때로 일어나지만 매우 드물며, 대부분의 투쟁에서 이런 일은 전혀 일어나지 않거나 발생하더라도 그 규모가 무의미할 정도입니다.

거의 대부분의 경우에 비폭력 투쟁은 투쟁 상황과 사회에 영향을 끼쳐 상대방이 그들이 원하는 대로 행동하지 못하도록 함으로써 작동합니다. 이러한 방식으로 나머지 세 가지 작동 원리인 조정과 비폭력 강제, 붕괴가 일어납니다. 이들 중 어떤 일이 일어날 것인가는 상대적이며 절대적인 권력관계가 민주화세력에 얼마나 유리하게 바뀌느냐에 달려 있습니다.

근본적인 쟁점이 아니고, 제한된 캠페인을 벌이는 반대쪽의 요구가 위협적이지 않으며, 또 힘겨루기로 권력관계가 어느 정도 바뀐 상태라면, 당면한 갈등은 합의를 이끌어내거나 입장 차이의 조율 혹은 타협을 통해 끝날 수 있습니다. 이 과정을 **조정**이라고 부릅니다. 많은 수의 파업이 이런 방법으로 해결됩니다. 양측 모두 어느 정도 그들이 원하는 바를 얻지만 아무도 원하는 모든 것을 얻지는 못합니다. 정부는 이러한 해결 방법이 갈등을 완화하고 '공평하다'는 인상을 주거나 정권의 국제적 이미지를 개선하는 등의 이득이 있다고 여길 수 있습니다. 따라서 어떤 문제를 해결하는 데 조정이 적합한 방식인지 세심한 주의를 기울여 결정하는 것이 중요합니다. 독재정권을 무너뜨리기 위한 투쟁은 이런 방법으로 해결할 문제가 아닙니다.

비폭력 투쟁은 전향이나 조정보다 훨씬 더 강력한 힘을 발휘할 수 있습니다. 대중적인 비협조와 저항이 사회적·정치적 상황과 특히 권력관계를 변화시킴으로써 정부와 사회의 경제적·사회적·정치적 과정에 대한 독재자의 지배력을 빼앗을 수 있습니다. 군대 또한 신뢰를 잃게 되면 저항하는 사람들을 억압하라는 명령을 더 이상 따르지 않을 것입니다. 정권의 지도자들이 제자리에 그대로 남아 원래 목표를 고수한다 해도, 그들은 이미 효과적으로 행동할 수 있는 힘을 빼앗긴 상태입니다. 이것을 **비폭력 강제**라고 합니다.

일부 극단적인 경우에는 비폭력 강제를 일으키는 조건을 더 밀어붙일 수도 있습니다. 정권의 지도부는 사실상 모든 활동 능력을 잃고 권력 구조 자체가 붕괴합니다. 저항세력의 주체성과 비협조, 저항이 너무 강력해서 상대 정권은 그에 대한 일말의 지배력조차 상실하게 됩니다. 정권의 관료 체제가 그들의 지도부에 복종하기를 거부합니다. 군대와 경찰은 항명합니다. 정권의 일상적인 지지자와 대중은 이전 지도자를 거부하며 그들의 통치권을 부정합니다. 이로써 사람들이 이전에 그들에게 보냈던 조력과 복종이 모두 사라집니다. 변화의 네 번째 방법, 즉 상대

정권의 **붕괴**는 너무 완벽해서 상대에게 항복할 힘조차 주지 않습니다. 정권은 말 그대로 산산조각이 나는 것이죠.

해방 투쟁을 위한 전략을 세울 때 이 네 가지 방식을 유념해야 합니다. 때로는 순전히 운에 의해 변화가 일어나기도 하지만 이 방법들 가운데 일부를 변화를 이끌어낼 방식으로 정한다면, 해방 투쟁을 하는 데 있어서 더욱 구체적이고 상호 보완적인 전략을 세울 수 있을 것입니다. 어떤 방식을 선택할지는 양측의 절대적·상대적 권력관계와 비폭력 투쟁 집단의 태도와 목표를 비롯한 여러 가지 요인에 달려 있습니다.

정치적 저항의 민주화 효과

폭력적인 방식이 중앙집중화를 초래하는 것과는 반대로, 비폭력 투쟁 기술을 사용하면 여러 가지 방식으로 정치적·사회적 민주화에 기여할 수 있습니다.

민주화 효과는 한편으로는 무언가를 부정합니다. 즉 군사적 방식과는 달리 비폭력적인 투쟁 방법은 지배 엘리트들이 대중에게 등을 돌리고 독재정권을 새로 세우거나 유지시킬 수 있는 억압 수단을 제공하지 않습니다. 정치적 저항운동의 지도자들이 추종자들에게 영향력을 행사하거나 압력을 가할 수 있지만 그들이 동의하지 않거나 다른 지도자를 따른다고 해서 투옥하거나 처형할 수 없습니다.

민주화의 효과는 다른 한편으로는 어떤 것을 긍정하기도 합니다. 즉 비폭력 투쟁은 현재 또는 미래의 독재자에 맞서 자유를 얻고 지킬 수 있는 저항 방법을 대중에게 제공합니다. 다음은 비폭력 투쟁이 가지고 있는 몇 가지 긍정적인 민주화 효과들입니다.

- 비폭력 투쟁의 경험은 대중이 정권의 위협과 폭력적인 탄압에 자신감을 갖고 대항할 수 있게 한다.
- 비폭력 투쟁은 대중이 어떤 독재 집단의 비민주적 지배에도 저항할 수 있는 비협조와 저항의 수단을 제공한다.
- 비폭력 투쟁은 억압적인 지배에 맞서 언론의 자유, 출판의 자유, 결사의 자유, 집회의 자유 같은 민주적 자유를 요구하는 데 사용할 수 있다.
- 비폭력 투쟁은 앞서 논의한 사회의 독립적인 단체와 조직의 생존과 회생, 강화에 크게 기여한다. 이런 조직들은 대중의 힘을 동원하고 잠재적 독재자의 힘을 제한하기 때문에 민주주의에 중요하다.
- 비폭력 투쟁은 대중이 독재정부의 억압적인 경찰력과 군사행동에 맞서 힘을 행사할 수 있는 방법을 제공한다.

- 비폭력 투쟁은 민주주의를 확립하기 위하여 대중과 독립적인 단체가 지배 엘리트가 가진 권력의 원천을 제한하거나 차단해서 지배를 지속하는 데 필요한 능력에 위협을 가할 수 있는 방법을 제공한다.

비폭력 투쟁의 복잡성

5장에서 논의한 바와 같이 비폭력 투쟁은 수많은 방법과 변화를 위한 다양한 작동 방식, 구체적인 행동 지침을 포함하는 복잡한 사회적 행동 기술입니다. 독재정권을 상대로 한 정치적 저항이 효과적이기 위해서는 면밀한 계획과 준비가 필요합니다. 비폭력 투쟁에 참여하는 사람들은 무엇이 필요한지 알아야 하며, 필요한 자원이 준비되어야 합니다. 전략을 세우는 사람들은 어떻게 하면 비폭력 투쟁이 가장 효과적일 수 있는지 분석해야 합니다. 이제 핵심적인 주제인 전략적 계획의 필요에 대해 살펴보도록 하겠습니다.

6장

전략적 계획의 필요

독재정권에 대항하는 정치적 저항 캠페인은 다양한 방법으로 시작할 수 있습니다. 독재정권에 대항했던 과거의 투쟁은 거의 계획 없이 일어났고, 대체로 우연히 시작되었습니다. 첫 행동의 불씨를 지폈던 구체적인 불만 사항은 매우 다양한데, 많은 경우 잔혹 행위나 존경받는 인물의 체포 또는 살해, 억압적인 정책이나 명령, 식량 부족, 종교적 신념에 대한 모독, 관련된 중요한 사건의 기념일 등을 포함합니다. 때때로 독재정권이 저지른 어떤 특정 행동에 격노한 민중이 봉기가 어떻게 진행될지에 대한 아무 계획도 없이 행동을 개시하기도 합니다. 어떤 경우에는 용감한 개인이나 작은 단체가 행동을 개시하여 지지를 받기도 합니다. 행동의 원인이 된 구체적인 불만 사항이 자신들이 겪은 부당 행위와 비슷하다고 생각해서 투쟁에 가담하기도 합니다. 때로는 작은 단체나 개인으로부터 시작된 저항이 예상 밖으로 커다란 반응을 불러일으키기도 합니다.

즉흥적인 행동은 여러 긍정적인 점도 있지만, 단점이 나타날 때가 더 많습니다. 많은 경우에 민주저항세력은 독재정권의 가혹 행위를 예상하지 못해 극심한 탄압을 받고 저항운동은 무너지고 맙니다. 민주화세력의 계획 부재는 때로 중요한 문제를 운에 맡겨 재앙적인 결과를 초래하기도 합니다. 억압적인 체제가 무너진 경우에도, 어떻게 민주적인 체제로 이행할 것인가에 대한 계획이 없다면 또 다른 독재정권이 들어서는 것을 돕게 되고 말 것입니다.

현실적인 계획

즉흥적인 대중행동은 미래에도 분명히 독재정권에 대한 저항에서 중요한 역할을 할 것입니다. 하지만 우리는 독재정권을 무너뜨리기 위한 가장 효과적인 방법을 계산하고, 정치적 상황과 대중적 분위기가 언제 무르익을지 예측하며, 캠페인을 어떻게 시작할 것인가를 선택할 수 있습니다. 주어진 환경 아래에서 자유를 쟁취하기 위해 효과적인 방법을 선택하는 데는 민중의 능력과 처한 상황에 대한 **현실적인 평가에 근거를 둔** 면밀한 고려가 필요합니다.

무언가를 얻기 원한다면 그것을 어떻게 얻을 수 있을지 계획을 짜는 것이 좋습니다. 목표가 중요하거나, 실패했을 때 위험이 클수록 계획의 중요성 또한 커집니다. 전략적 계획은 사용 가능한 모든 자원을 가장 효과적으로 사용할 수 있게 해줍니다. 특히나 독재정권과 맞서는 민주화 운동의 경우에는 대개 물질적인 자원이 제한적이고 지지자들이 위험에 처할 가능성이 높기 때문에 전략적 계획을 짜는 것이 무척 중요합니다. 반대로 독재정권은 대체로 막대한 물적 자원과 조직력, 그리고 가혹 행위를 저지를 수 있는 능력을 갖추고 있습니다.

여기서 '전략을 세운다'는 말은, 미래를 원하는 방향으로 이끌어가기 위해 행동 계획을 짠다는 뜻입니다. 특히 이 책에서는 독재정권에서 민주적 체제로 가기 위한 행동 계획을 뜻합니다. 이러한 목적을 이루기 위한 계획은 주로 억압받는 민중과 사회를 강화하고 독재정권을 약화시키기 위해 고안된 일련의 캠페인과 조직적 행동 들로 구성됩니다. 이때 주목해야 할 것은 전략의 목표가 단지 현재의 독재정권을 타파하는 것이 아니라 민주적 체제를 수립하는 것이라는 점입니다. 단순히 현재의 독재정권을 타도하는 것에 목표를 두는 대전략은 또 다른 폭군을 만들어낼 위험이 크기 때문이죠.

계획의 장애물

세계 곳곳에서 자유를 위해 싸우는 많은 사람들은 어떻게 해방을 이룰 것인가 하는 문제에는 주의를 기울이지 않습니다. 행동하기 전에 주의 깊게 전략을 세우는 것이 얼마나 중요한지를 완전히 인식하는 사람은 이들 중 소수에 불과합니다. 그 결과 전략을 세우는 일은 거의 없습니다.

정치적 자유를 바라는 사람들 대부분이 목표를 이루기 위해 종합적인 전략을 거의 세우지 않는 까닭은 무엇 때문일까요? 애석하게도 민주저항집단에 속한 사람들 대부분은 전략적 계획의 필요성을 이해하지 못하거나, 혹은 전략적으로 생각하는 것에 익숙하지 않고 그러한 훈련을 받아보지 못했기 때문입니다. 전략을 짜는 것은 어려운 일입니다. 저항세력의 지도자들은 많은 경우 끊임없이 독재정권에 탄압받고 눈앞에 닥친 문제를 해결하느라 전략적 사고 기술을 개발하기 위한 여유와 시간이 없습니다.

그보다는 독재정권의 공격에 대응하며 끌려다니는 것이 일반적인 양상입니다. 이렇게 되면 저항세력은 항상 수세적인 위치에 놓여 제한된 자유나 혹은 자유를 방어하기 위한 거점을 유지하는 것에 급급하게 되고, 기껏해야 독재정권의 지배가 확대되는 것을 늦추거나 정권이 내놓은 새로운 정책에 문제를 제기하는 것에 그치고 맙니다.

어떤 개인이나 집단은 광범위하고 장기적인 해방운동에 계획이 필요하다는 것을 깨닫지 못합니다. 그들은 순진하게도 그들의 목표를 열심히 오랫동안 주장하기만 하면 언젠가는 목표를 달성할 수 있다고 확신을 가지고 생각합니다. 또 어떤 사람들은 살아남아 원칙과 이념에 따라 살아가며 어려운 상황을 목격하는 것이 그들이 할 수 있는 전부라고 생각합니다. 인도주의적 목표를 고양하고 이상에 충실한 것은 충분히 훌륭한 일이지만 독재정권을 무너뜨리고 자유를 쟁취하는 데는 조금도 도움이 되지 않습니다.

독재정권에 저항하는 또 다른 사람들은 순진하게도 폭력을 충분히 사용하면 자유가 찾아올 것이라고 생각합니다. 하지만 앞서 말한 대로 폭력은 성공을 보장하지 않습니다. 폭력은 해방이 아닌 패배나 엄청난 비극, 혹은 이 두 가지 모두의 결과를 가져올 수 있습니다. 대부분의 경우 독재정권은 폭력 투쟁을 위한 최적의 준비가 되어 있고, 군사적 상황이 민주화세력에게 유리한 경우는 거의 없습니다.

자신의 '느낌'에 근거해 행동하는 활동가들도 있습니다. 그러나 이러한 접근은 자기중심적일 뿐 아니라 해방을 위한 대전략을 세우는 데 전혀 도움이 되지 않습니다.

누군가의 '기발한 발상'에 근거를 둔 행동 또한 한계가 있습니다. 행동의 근거로 삼아야 하는 것은 독재정권을 무너뜨리는 데 필요한 '다음 단계'에 대한 주의 깊고 치밀한 계산입니다. 전략적 분석을 하지 않는 저항운동의 지도자들은 그 '다음 단계'가 무엇인지 모르는 경우가 많은데, 승리를 거두기 위한 구체적인 단계들이 무엇인지 주의 깊게 생각해보지 않았기 때문입니다. 창의성과 기발한 발상은 매우 중요하지만, 이것들은 민주화세력의 전략적 상황을 진전시킨다는 목표하에 적절히 활용되어야 합니다.

독재정권에 대항하는 수많은 행동 방법을 잘 알고 있지만 어디서부터 시작해야 할지 모르는 상황에서, 어떤 사람들은 '모든 것을 동시에 하라'고 조언합니다. 물론 이것이 도움이 될 수도 있지만, 비교적 운동이 약한 상태일 경우 모든 것을 동시에 하는 것은 불가능합니다. 더욱이 이러한 접근은 어디서 시작해야 할지, 어디에 노력을 집중할지, 그리고 제한된 자원을 어떻게 사용해야 할 것인가에 관한 지침을 주지 못합니다.

어떤 사람들과 집단은 계획의 필요성을 어느 정도 깨닫고 있지만 단기적 혹은 전술적 차원에서만 생각합니다. 그들은 장기적인 계획이 필요하지 않거나 가능하지 않다고 생각합니다. 그들은 때때로 전략적 안목으로 생각하거나 분석하지 못하고 상대적으로 작은 문제에 신경을 분산하느라 민주적 저항운동의 주도권을 잡기보다는 상대방의 행동에 반응하는 것에 급급할 때가 많습니다. 이 지도자들은 단기간의 활동에 너무나 많은 에너지를 쏟아부은 나머지, 꾸준히 목표를 추구하기 위해 운동 전반의 지침으로 삼을 행동 계획을 구상하는 데 실패하곤 합니다.

어떤 민주화 운동이 독재정권을 무너뜨리기 위한 종합적인 전략을 세우지 못하는 대신 당면한 문제에만 집중하는 것에는 또 다른 이유가 있습니다. 내부적으로 자신들의 힘으로 독재정권을 무너뜨릴 수 있다고 진정으로 믿지 않기 때문입니다. 그들은 독재정권을 어떻게 무너뜨릴 것인지 계획하는 것을 비현실적인 시간 낭비나 헛수고로 여깁니다. 자유를 얻기 위해 기존의 잔혹한 독재정권에 대항하여 싸우는 사람들은 종종 독재정권의 막대한 군사력과 경찰력에 직면하게 되는데, 독재자는 이 군사력과 경찰력으로 원하는 것을 무엇이든지 이룰 수 있는 것처럼 보입니다. 그들은 비록 희망을 잃었지만 강직함을 지키기 위해 그리고 어쩌면 역사에 부끄럽지 않기 위해 독재정권에 저항합니다. 그들 스스로는 이것을 인정하지 않고 어쩌면 의식조차 못할지도 모르지만, 그들은 자신의 행동이 무력하다고 생각합니다. 따라서 그들에게 장기적인 종합적 전략을 세우는 것은 아무런 의미가 없습니다.

전략적 계획이 실패하고 나면 비참한 결과를 낳습니다. 사람들의 힘을 소진하게 되고, 행동이 효과를 발휘하지 못하며, 사소한 곳에 기력을 낭비하게 됩니다. 장점을 활용하지 못하고 희생은 의미 없게 됩니다. 민주화세력이 전략적 계획을 세우지 못하면 목표를 달성하지 못할 가능성이 커집니다. 형편없이 계획된 행동들의 두서없는 조합은 거대한 저항운동의 노력이 앞으로 나아가지 못하게 합니다. 그 대신 독재정권이 지배력과 권력을 키우는 데 도움을 줄 뿐이죠.

불행하게도 해방을 위한 종합적인 전략을 세우는 경우는 거의 없기 때문에 독재정권은 그들의 실제 수명보다 훨씬 더 길게 지속될 것처럼 보입니다. 결과적으로 독재정권은 수년에서 수십 년씩 더 오래 살아남습니다.

전략적 계획의 네 가지 주요 용어

전략적으로 생각하는 것을 돕기 위하여 네 가지 기본 용어의 의미를 명확히 하는 것이 중요합니다.

'대大전략'은 투쟁의 목표를 달성하기 위해 사용 가능한 모든 자원(경제적·인적·도덕적·정치적·조직적 등)을 배분하고 그 이용을 조정하는 것에 관한 개념입니다.

대전략은 집단의 목표와 자원에 일차적인 관심을 집중시킴으로써 투쟁에 가장 적합한 행동 기술(전통적인 군사전 혹은 비폭력 투쟁 같은)을 찾아냅니다. 대전략을 세울 때 저항운동 지도자들은 상대방에게 어떤 압력과 영향력을 사용할 것인가를 평가하고 계획해야 합니다. 더 나아가 대전략에는 최초의 캠페인과 뒤이은 저항 캠페인을 시작할 시점과 시작하기 적합한 상황에 대한 결정이 포함됩니다.

대전략은 투쟁을 시작하기 위한 구체적인 전략을 선택하기 위한 기본적인 뼈대입니다. 대전략은 또한 투쟁을 할 때 개별 집단에 일상적인 임무를 할당하고 그들이 자원을 분배하는 것을 결정합니다.

'**전략**'은 투쟁을 할 때 특정 목표를 어떻게 가장 잘 달성할 것인가에 관한 개념이며 대전략의 범위 안에 있습니다. 전략은 어떤 목표를 달성하기 위해 어떻게 최대한 효과적으로 투쟁할 것인가, 언제, 어떻게 투쟁할 것인가 같은 질문과 연관되어 있습니다. 전략적 계획이 건축가의 청사진이라면, 전략은 화가의 콘셉트라 할 수 있죠.[*]

또한 전략은 전략적 상황을 만들기 위한 노력을 포함합니다. 전략적 상황이 유리하게 조성되면 상대방은 공개적인 투쟁이 반드시 자기의 패배로 이어질 것으로 생각해 싸움 없이 물러날 수도 있습니다. 혹 상대방이 항복하지 않는다 해도 전략적 상황이 개선되면 저항하는 사람들의 투쟁이 성공할 가능성이 높아집니다. 또한 승리했을 때 그 승리를 어떻게 잘 활용할 것인가 역시 전략에 포함됩니다.

---

[*]   Robert Helvey, personal communication, 15 August 1993.

전략적 계획은 캠페인이 어떻게 전개되고 그것의 각 구성 요소를 투쟁의 목표 달성을 위해 어떻게 가장 잘 조합할 것인가에 대한 기본적인 구상입니다. 더 작은 작전들에서 개별 행동 집단들을 어떻게 기술적으로 배치할 것인가도 전략적 계획에 포함됩니다. 좋은 전략을 세우려면 선택한 투쟁 기술을 성공하기 위해서 필요한 사항이 무엇인지를 반드시 고려해야 합니다. 서로 다른 기술은 필요 사항도 다릅니다. 물론 단순히 '요구 사항'을 충족시키는 것이 성공을 보장하지는 않습니다. 추가적인 요소들도 필요합니다.

전략을 짤 때 민주화세력은 그들의 목표를 명확히 정의하고 목표를 성취하기 위한 노력이 얼마나 효과적인지를 어떻게 측정할지를 결정해야 합니다. 이러한 정의와 분석은 전략가들로 하여금 각각의 정해진 목표를 성취하기 위한 필요 사항을 명확하게 규정할 수 있도록 합니다. 이러한 명확성과 정의의 필요성은 전술을 세울 때도 똑같이 적용됩니다.

전략을 실행하기 위해서는 전술과 행동 방법이 필요합니다. '전술'은 제한된 상황에서 최대 이득을 얻도록 개인의 힘을 사용하는 기술과 관련되어 있습니다. 전술은 제한된 목표를 달성하기 위해 사용되는 제한적인 행동입니다. 전술 선택은 투쟁의 특정 국면에서 전략을 실행하기 위해 이용 가능한 투쟁 방법을 어떻게 가장 잘 활용할 것인가에 의해 좌우됩니다. 전술과 방법이 가장 효과적이기 위해서는 전략적 목표를 달성하는 데 지속적인 관심을 기울이면서 전술과 방법을 선택하고 적용해야 합니다. 전략적 목표를 달성하는 것에 도움이 되지 않는 전술의 성공은 결국 기력 낭비가 될 것입니다.

따라서 전략이 대전략의 범위 안에 있는 것과 마찬가지로, 전술은 넓은 전략의 범위 안에 있는 제한된 행동 방침입니다. 전략이 좀 더 폭넓게 다양한 고려 사항을 포함하는 반면, 전술은 늘 싸움과 관련되어 있습니다. 특정한 전술은 전투 혹은 캠페인의 전체적인 전략의 일부로만 이해될 수 있습니다. 전술은 전략보다 더 짧은 기간에 걸쳐, 더 좁은 영역(지리적·제도적 등) 안에서, 더 적은 수의 사람에 의해, 또는 더 제한된 목표를 위해 적용됩니다. 비폭력 투쟁에서 전술적 목표와 전략적 목표의 차이는 부분적으로 정해진 행동의 목표가 큰지 작은지에 따라 구분할 수 있습니다.

전략적 목표를 이루기 위해서는 공격적인 전술적 작전을 선택하는 것이 좋습니다. 전략을 짜는 사람들은 상대방에게 결정타를 날리는 데 유리한 조건을 만들어내는 도구로 전술적 작전을 활용합니다. 따라서 전술적 활동을 계획하고 실행하는 임무를 띤 사람들은 상황을 잘 파악하고 그에 따른 가장 적합한 방법을 선택하는 데 능숙해야 합니다. 투쟁에 참가할 것으로 예상되는 사람들은 선택한 기술과 구체적인 방법에 대한 훈련을 받아야 합니다.

'방법'은 행동의 구체적인 수단이나 무기를 말합니다. 비폭력 투쟁 방법들로는 5장에서 언급한 (여러 종류의 파업, 보이콧, 정치적 비협조 등등) 수십 가지 특정한 행동 양식이 포함됩니다. (부록을 참조하세요.)

비폭력 투쟁에서 적합하고 효과적인 전술적 계획을 개발하는 것은 대전략, 전략, 전술, 방법을 세밀하게 구상하고 선택하는 것에 달려 있습니다.

이번 장에서 핵심적으로 말하고자 했던 것은, 독재정권으로부터 해방되기 위한 세밀한 전략적 계획에는 지적 능력의 계산된 적용이 필요하다는 것입니다. 지적인 계획 수립이 실패하면 참사로 이어질 수 있습니다. 반면에 지적 역량을 효과적으로 사용하면 사용 가능한 자원을 적절하게 활용하기 위한 전략을 세워 해방과 민주주의에 다가가게 할 수 있습니다.

7장

전략 세우기

저항세력의 지도자들은 운동의 성공 가능성을 높이기 위해 고통받는 민중의 힘을 강화하고, 독재정권을 약화시켜 무너뜨리며, 지속 가능한 민주주의를 건설하기 위해 종합적인 행동 계획을 세울 필요가 있습니다. 행동 계획을 세우기 위해서는 상황에 대한 평가와 효과적인 행동의 선택에 대한 평가가 면밀하게 이루어져야 합니다. 자유를 얻기 위한 대전략과 구체적인 캠페인 전략은 모두 이러한 면밀한 분석을 통해 개발할 수 있습니다. 대전략의 개발과 캠페인 전략의 개발은 서로 연관되어 있긴 하지만 두 개의 독립된 개별적인 과정입니다. 구체적인 캠페인 전략은 대전략을 개발한 후에야 개발할 수 있습니다. 캠페인 전략은 대전략의 목표를 달성하고 강화하도록 짜야 합니다.

저항 전략을 개발하기 위해 많은 질문과 과제에 주의를 기울여야 합니다. 이 장에서는 대전략의 수준과 캠페인 전략의 수준 모두에서 고려해야 하는 중요한 요소들을 살펴볼 예정입니다. 어떤 전략을 세우든지 저항운동을 계획하는 사람들은 물리적·역사적·행정적·군사적·문화적·사회적·정치적·심리적·경제적·국제적 요소를 포함한 투쟁 상황 전반에 대해 깊이 이해하고 있어야 합니다. 전략은 오직 특정한 투쟁과 그 배경의 맥락 안에서만 개발할 수 있습니다.

가장 중요한 것은 민주화 운동 지도자들과 전략을 세우는 사람들이 운동의 목표와 그 중요성을 평가하는 것입니다. 목표는 진지하게 투쟁할 가치가 있는 것인가요? 그 이유는 무엇인가요? 핵심은 투쟁의 진정한 목표를 정하는 것입니다. 독재정권을 타도하거나 혹은 현 독재자를 제거하는 것으로는 충분하지 않다고 이미 이야기했습니다. 투쟁의 목표는 민주적 정부 체제를 갖춘 자유로운 사회를 세우는 것이어야 합니다. 이 점을 명확히 하는 것이 대전략과 그에 따르는 구체적인 전략을 세우는 데 영향을 줄 것입니다.

특히 전략을 세우는 사람들은 다음과 같은 근본적인 질문에 답해야 합니다.

- 자유를 얻는 데 가장 걸림돌이 되는 것은 무엇인가?
- 자유를 얻는 데 도움이 되는 요소들은 어떤 것인가?
- 독재정권의 가장 큰 강점은 무엇인가?
- 독재정권의 다양한 약점들은 무엇인가?
- 독재정권의 권력의 원천은 얼마나 취약한가?
- 민주화세력과 일반 대중의 강점은 무엇인가?
- 민주화세력의 약점은 무엇이며, 어떻게 이것을 해결할 수 있는가?
- 당장은 투쟁에 나서지 않지만 독재정권이나 민주화운동 중 한쪽을 돕거나 도울 수 있는 제삼자의 상황은 어떤가? 그들은 어떤 방식으로 도움을 줄 수 있는가?

수단을 선택하기

대전략 수준에서 전략을 계획하는 사람들은 앞으로의 투쟁에서 사용할 주요 투쟁 수단을 선택해야 합니다. 군대를 동원한 전통적인 방식, 게릴라전, 정치적 저항 등 다양한 투쟁 기술의 장점과 한계를 평가해야 합니다.

이 선택 과정에서 전략을 세우는 사람들은 다음과 같은 문제를 고려해야 합니다. 선택한 투쟁 방법이 민주화세력이 가진 역량의 범위 안에 있나요? 선택한 방법이 억압받는 민중의 강점을 활용하는 것인가요? 이 방법이 독재정권의 약점을 겨냥하나요, 아니면 독재정권의 강점을 공격하는 것인가요? 이 방법이 민주화세력을 더욱 자립적으로 만드나요, 아니면 제삼자나 혹은 외부 공급자에게 의지하게 만드나요? 선택한 방법이 과거에 독재정권을 무너뜨리는 데 어떻게 사용되었나요? 이 방법이 앞으로의 투쟁에서 발생할지 모르는 인명 피해와 파괴를 증가시키나요, 혹은 줄이나요? 독재정권을 끝장내는 데 성공한다면, 이 방법이 투쟁의 결과로 들어설 정부의 유형에 어떤 영향을 미칠 것인가요? 역효과를 내거나 생산적이지 않다고 판단한 행동 유형은 대전략 개발에서 제외되어야 합니다.

앞의 장들에서 정치적 저항이 다른 투쟁 방법에 비해 상당한 장점을 가지고 있다고 이야기했습니다. 전략을 세우는 사람들은 구체적인 투쟁 상황을 검토하고 정치적 저항이 위의 질문에 긍정적인 답변을 낼 수 있는지 판단할 필요가 있습니다.

민주주의를 위한 계획

독재정권에 대항하는 대전략의 목적은 단지 독재정권을 무너뜨리는 것이 아니라 민주주의 체제를 수립하고 새로운 독재정권이 들어서지 못하게 하는 것임을 기억해야 합니다. 이러한 목적을 이루기 위해 선택한 투쟁 방식은 사회 내 실질적 권력의 분배에 기여해야 합니다. 독재정권하에서는 사회의 민간 조직들과 대중은 너무 약하고 정부는 지나치게 강력합니다. 이 불균형을 바꾸지 않으면, 새로운 지배자들이 마음만 먹으면 과거의 지배자들처럼 독재자가 될 수 있습니다. 그렇기 때문에 '궁정 혁명'이나 쿠데타는 답이 될 수 없는 것이죠.

5장에서 논의한 바와 같이 정치적 저항은 독재정권에 대항해 사회를 동원함으로써 실질적인 권력을 더욱 골고루 평등하게 분배하도록 만드는 데 이바지합니다. 이 과정은 다양한 방법으로 일어납니다. 비폭력 투쟁 역량의 성장은 독재정권이 더 이상 전처럼 폭력을 사용하여 쉽게 대중을 위협하고 복종시킬 수 없다는 것을 뜻합니다. 대중은 이로써 독재정권에 반격을 가하고 또 때로는 독재자의 권력 행사를 차단할 수 있는 강력한 수단을 갖게 됩니다. 나아가 정치적 저항을 통해 민중 권력을 경험하는 일은 사회의 독립적인 조직들을 강화합니다. 실질적 권력의 행사는 한번 경험하면 쉽게 잊지 못합니다. 투쟁에서 얻은 지식과 기술 덕분에 대중은 미래의 잠재적 독재자들에게 쉽게 지배당하지 않게 됩니다. 이러한 권력관계의 변화는 궁극적으로 견고한 민주 사회를 확립하는 데 큰 도움을 줍니다.

외부의 도움

대전략의 일환으로 독재정권을 무너뜨릴 때, 내부적 저항과 외부적 압력의 상대적 역할이 무엇인지 평가할 필요가 있습니다. 투쟁의 주된 동력은 내부에서 생겨야 한다고 주장한 바 있습니다. 국제 원조가 오는 경우라도, 이는 내부적 투쟁에 의해 촉발됩니다.

작은 수준에서 인도주의적·도덕적·종교적 이유를 근거로 독재정권에 반대하는 국제 여론을 동원하려는 노력을 할 수 있습니다. 외국 정부와 국제기구가 독재정권에 대해 외교적·정치적·경제적 제재를 가하도록 노력할 수도 있습니다. 이러한 제재는 독재정부에 대한 경제적 금수조치와 군사 무기 거래 금지, 외교적 위신의 실추나 수교 단절, 경제 원조 금지, 투자 금지, 유엔을 비롯한 다양한 국제기구에서 추방 등 다양한 형태가 되겠죠. 나아가 재정 지원과 통신 지원 같은 국제 원조는 민주화세력에게 직접적인 도움이 될 수 있습니다.

대전략 세우기

상황에 대한 평가, 방법 선택, 외부 원조의 역할 결정이 이루어지고 나면 대전략을 세우는 사람들은 투쟁을 어떻게 성공적으로 실행할 것인가에 대한 밑그림을 그려야 합니다. 이 광범위한 계획은 현재부터 앞으로 있을 해방과 민주적 체제의 수립까지를 포함합니다. 대전략을 세우면서 계획자들은 스스로에게 다양한 질문을 던져야 합니다. 아래 질문들은 (앞에서보다 더 구체적인 방식으로) 정치적 저항 투쟁의 대전략을 수립하는 데 필요한 고려 사항입니다.

장기적인 투쟁을 시작하는 최선의 방법은 무엇일까요? 처음에는 아주 제한적인 방식으로라도 피억압 민중이 독재정권에 대항해 행동하는 데 필요한 자신감과 힘을 어떻게 모을 수 있을까요? 대중이 비협조와 저항을 수행하는 역량은 시간이 지나고 경험이 쌓이면서 어떻게 성장할 수 있나요? 사회 전반에 민주적인 통치를 회복하고 독재정권을 약화시키기 위해 수행하는 일련의 특정한 캠페인의 목표는 무엇인가요?

독재정권에서 살아남은 독립적인 조직들 가운데 자유를 위한 투쟁에 도움이 될 수 있는 조직이 있을까요? 독재자의 지배로부터 되찾을 수 있는 사회조직들은 어떤 것이 있나요? 혹은 독재정권이 계속되는 가운데서도 민주화세력의 필요에 의해 민주적 영역을 확립하고자 새로 만들어야 하는 조직에는 어떤 것이 있나요?

저항운동의 조직적 힘은 어떻게 성장할 수 있나요? 저항운동에 참가한 사람들을 어떻게 훈련할 것인가요? 투쟁을 하는 동안 필요한 자원(재정, 장비 등)은 무엇인가요? 대중의 참여를 고무시키는 데 어떤 종류의 상징이 가장 효과적인가요?

어떤 단계에서 어떤 행동이 독재자의 권력의 원천을 점차 약화시키고 결국에는 차단할 수 있을까요? 대중이 저항을 계속하면서 동시에 필수적인 비폭력 규율을 지키게 하려면 어떻게 해야 할까요? 투쟁을 하는 동안 사회의 기본적인 수요를 계속 충족시키려면 어떻게 해야 할까요? 투쟁 기간 동안 어떻게 사회질서를 유지할 수 있나요? 승리가 다가오는 상황에서 민주저항세력은 가능한 한 부드럽게 체제 이행기를 넘어가기 위해 독재정권이 무너진 이후 사회의 제도적 기초를 어떻게 계속 쌓아갈 수 있나요?

독재정권에 대항하는 모든 해방운동의 전략을 수립하기 위한 단일한 청사진은 존재하지 않으며 그것은 만들 수도 없다는 것을 기억해야 합니다. 독재정권을 무너뜨리고 민주적 체제를 세우기 위한 투쟁은 서로 조금씩 다릅니다. 두 개의 상황이 정확히 같을 수는 없습니다. 각 독재정권은 고유의 특징이 있고, 자유를 추구하는 민중의 역량도 모두 다릅니다. 정치적 저항 투쟁을 위해 대전략을 세우는 사람들은 구체적인 투쟁 상황뿐만 아니라 그들이 선택한 투쟁 방식에 대해서도 깊이 이해하고 있어야 합니다.*

투쟁의 대전략을 면밀하게 세우고 나면 이를 널리 알릴 필

---

*   다음의 연구를 참고하라. Gene Sharp, *The Politics of Nonviolent Action*, (Boston, Massachusetts:Porter Sargent, 1973) 그리고 Peter Ackerman and Christopher Kruegler, *Strategic Nonviolent Conflict*, (Westport, Connecticut:Praeger, 1994). 또 Gene Sharp, *Waging Nonviolent Struggle: Twentieth Century Practice and Twenty-First Century Potential. Boston*: Porter Sargent, 2005을 보라.

요가 있습니다. 대다수의 사람들은 구체적인 지시 사항이 주어졌을 때뿐 아니라 전체적인 개념을 이해할 때 더욱 적극적으로 행동에 나섭니다. 대전략에 대한 지식은 투쟁에 참여한 대중들의 사기와 적극성에 매우 긍정적인 영향을 미치고 적절한 행동을 이끌어낼 수 있습니다. 대전략의 전반적인 윤곽은 어쨌든 독재자에게도 알려질 것입니다. 이를 알아차린 독재자가 잔혹한 탄압이 정치적으로 반작용을 일으킬 것을 알고 탄압의 강도를 줄일 수도 있겠죠. 대전략의 특수한 사항들이 알려지는 것은 독재 진영 내부의 불화와 변절에 기여할 수도 있습니다.

독재정권을 무너뜨리고 민주적 체제를 세우기 위한 대전략이 일단 수립되면, 민주화세력은 이 대전략을 지속적으로 실행하는 것이 중요합니다. 투쟁은 아주 드문 경우에만 대전략에서 벗어날 수 있습니다. 선택한 대전략에 착오가 있다는 증거가 쌓이거나 투쟁 환경이 근본적으로 바뀌었다면, 대전략을 수정해야 할 수 있습니다. 그런 경우라 할지라도 기본적인 재평가가 이루어지고 더 적합한 새로운 대전략이 개발되고 채택된 다음에야 기존의 것을 버려야 합니다.

캠페인 전략 세우기

독재를 끝내고 민주주의를 세우고자 개발한 대전략이 아무리 훌륭하고 성공 가능성이 높아도 대전략은 그 자체로는 실행될 수 없습니다. 독재자의 권력을 약화시키기 위해 대규모 캠페인을 이끌 구체적인 전략들을 개발해야 합니다. 전략들은 다시 독재정권에 결정타를 가할 다양한 전술적 작전들의 지침이 됩니다. 전술과 구체적인 행동 방법들은 각 전략의 목표를 달성할 수 있도록 신중하게 선택해야 합니다. 일단 지금은 논의의 초점을 전적으로 전략에만 맞추겠습니다.

대규모 캠페인을 계획하는 전략가들은 대전략을 세운 이들과 마찬가지로 투쟁 기술의 성질과 작동 방식을 깊이 이해하고 선택해야 합니다. 군 장교들이 군사전략을 짜기 위하여 군의 구조, 전술, 병참, 탄약, 지리적 효과 등을 이해해야 하는 것처럼, 정치적 저항을 계획하는 사람들도 비폭력 투쟁의 성질과 전략의 원리를 알고 있어야 하죠. 그러나 비폭력 투쟁에 대한 지식과 이 책이 알려주는 것들, 그리고 아래 질문에 대한 답이 저절로 전략을 만들어주는 것은 아닙니다. 투쟁을 위한 전략을 세우는 데는 지식에 기반을 둔 창의성이 필요합니다.

구체적인 선택적 저항 캠페인과 더 장기적인 해방 투쟁을 위한 전략을 세울 때, 정치적 저항의 전략가들은 다양한 사안과 문제를 고려해야 합니다. 다음은 고려 사항들입니다.

- 캠페인의 구체적인 목표를 결정하고. 그것이 대전략
  을 실행하는 데 얼마나 기여하는지를 고려해야 한다.

• 선택한 전략을 실행하는 데 가장 적합한 구체적인 방법 혹은 정치적 무기에 대해 고려해야 한다. 특정한 전략적 캠페인을 위한 전반적인 계획 안에서 독재정권의 권력의 원천에 압력과 제한을 가하려면 어떤 더 작은 규모의 전술적 계획과 구체적인 행동 방법을 사용할지를 정해야 한다. 주요 목표의 달성은 구체적인 하위 단계들을 면밀하게 선택하고 실행한 결과라는 것을 기억해야 한다.

• 경제적 사안들이 본질적으로 정치적 투쟁 전반에 관련이 있는지, 혹은 어떤 관련이 있는지에 대해 판단해야 한다. 만일 경제적 사안들이 투쟁의 두드러진 문제라면, 경제적 어려움은 사실상 독재가 끝난 다음에야 비로소 진정으로 해결될 수 있다는 것을 염두에 두어야 한다. 그렇지 않으면 신속하게 문제가 해결되지 않을 경우 민주 사회로 옮겨가는 와중에 투쟁에 대한 환멸과 불만이 나타날 수도 있다. 이러한 환멸은 경제적 고통의 종식을 약속하는 새로운 독재세력이 등장하는 것을 촉진시킬 수 있다.

• 저항 투쟁을 시작하는 데 어떤 형태의 통솔 구조와 의사소통 체계가 가장 적합한가에 대해 사전에 판단해야 한다. 투쟁 기간 동안 어떤 의사결정 방법과 의사소

통 수단이 저항하는 사람들과 일반 대중에게 지속적으로 지침을 전달할 수 있는가?

• 일반 대중과 독재세력, 국제 언론에 저항 소식을 알려야 한다. 주장과 보도는 언제나 엄격한 사실에 입각해야 한다. 근거 없는 주장과 과장은 저항운동의 신용을 손상시킨다.

• 앞으로 다가오는 투쟁 과정에서 자국 인민의 욕구를 충족시켜주는 자립적이고 건설적인 사회적·교육적·경제적·정치적 활동에 대해 계획을 세워야 한다. 이러한 계획은 직접 저항 활동에 참가하지 않는 사람에 의해서도 지도될 수 있다.

• 구체적인 캠페인이나 해방 투쟁 일반을 지원하는 데 어떤 종류의 외부 원조가 바람직한지를 판단해야 한다. 내부 투쟁이 불확실한 외부 요인에 의존하지 않도록 하면서 외부 원조를 활용하기 위한 최선의 방법은 무엇인가? 이를테면 비정부기구(사회운동, 종교 및 정치 집단, 노동조합 등)와 다른 정부, 유엔 기구들을 비롯해 어떤 외부 집단이 가장 쉽게, 가장 적합한 도움을 줄 수 있는지를 고려해야 한다.

나아가 저항운동을 계획하는 사람들은 독재자의 지배에 대항하는 대중 저항 과정에서 질서를 유지하고 운동세력 내부의 사회적 필요를 충족하기 위한 대책을 강구해야 합니다. 이러한 조처는 대안적이고 독립적인 민주주의 구조를 창출하고 진정한 필요를 채울 뿐만 아니라 무질서와 불법을 빌미삼아 무자비한 탄압이 필요하다는 일체의 주장이 힘을 가질 수 없게 만듭니다.

비협조 사상의 확산

독재정권에 대항하는 정치적 저항이 성공하려면 대중이 비협조 개념을 완전히 이해하고 있어야 합니다. '원숭이 주인' 우화(3장 참조)에서 살펴본 것처럼 기본 개념은 단순합니다. 즉 지배를 받는 상당수의 사람들이 탄압에도 불구하고 오랫동안 계속하여 지배자에게 협조하는 것을 거부한다면 억압적 체제는 약화되고 결국은 무너지게 됩니다.

독재정권하에 살고 있는 사람들은 이미 다양한 경로를 통해 이 개념에 익숙할지도 모릅니다. 그렇다고 하더라도 민주화 세력은 계획적으로 비협조 개념을 퍼뜨리고 대중화해야 합니다. '원숭이 주인' 우화 같은 것을 사회 전체에 퍼뜨릴 수 있겠죠. 이 이야기는 사람들이 쉽게 이해할 수 있습니다. 비협조 개념을 전체적으로 파악한 사람들은 앞으로 독재정권에 협조하지 않는 것이 중요하다는 것을 이해할 것입니다. 또한 그들은 새로운 상황을 맞닥뜨렸을 때 수많은 형태로 그들만의 비협조 방법을 즉흥적으로 만들어낼 수 있게 됩니다.

독재정권하에서는 의견을 나누고, 소식을 전하고, 저항 지침을 전달하는 것이 매우 어렵고 위험하지만, 민주화세력은 많은 어려움에도 불구하고 이것이 가능하다는 것을 빈번히 보여줬습니다. 심지어 나치와 공산당 치하에서도 저항자들은 불법 신문과 전단지, 책, 그리고 나중에는 카세트테이프 등을 통해 개인들뿐만 아니라 대규모 대중과도 의사소통을 할 수 있었습니다.

사전에 세운 전략을 이용해 일반적인 투쟁 지침을 준비하고 퍼뜨릴 수 있습니다. 이를 통해 대중은 어떤 문제와 상황에서 항의를 하고 협조를 거부해야 하는지, 무엇을 해야 하는지를 알 수 있습니다. 이렇게 하면 민주화세력은 지도부로부터 연락이 두절되고 구체적 지침이 없거나 지침을 받지 못한 경우에도 특정한 상황에서 어떻게 행동해야 할지를 알 수 있습니다. 이러한 지침은 정치경찰이 운동의 평판을 떨어뜨릴 행동을 의도적으로 부추기기기 위해 만든 날조된 '저항 지침'을 가려내는 검사대 기능을 하기도 합니다.

탄압과 그에 대한 반격

전략을 세운 사람들은 민주저항세력의 행동에 대해 독재정권이 취할 수 있는 대응과 탄압, 특히 폭력이 시작되는 시점을 가늠해야 합니다. 어떻게 하면 탄압이 거세지더라도 항복하지 않으면서 버티고, 대항하며, 위기를 모면할 수 있는지를 판단할 필요가 있습니다. 전술적으로는, 특정한 상황에서 대중과 저항하는 사람들에게 그들이 겪게 될 것이라고 예상되는 탄압에 대해 적절하게 경고를 주어 그들이 저항운동에 참가하는 데 따르는 위험성을 알리는 것이 좋습니다. 탄압이 심각해질 것 같으면 사람들이 부상당할 것에 대비해서 의료 지원을 준비해야 합니다.

탄압이 예상될 경우, 전략가들은 캠페인의 특정한 목표를 달성하거나 해방을 쟁취하는 데 기여하면서도 잔혹한 탄압을 피하거나 그 강도를 줄일 수 있는 전술과 투쟁 방법을 사용할 것을 사전에 고려해야 합니다. 예를 들어, 극단적인 독재정권에 대항하는 가두시위와 행진은 극적일지는 몰라도 수천 명의 참가자들의 생명을 위험에 빠뜨릴 수 있습니다. 그러나 시위 참가자들이 치르는 대가가 크다고 해도 실제로 모든 사람이 출근하지 않고 집에 있거나, 파업을 하거나, 혹은 공무원들의 대규모 비협조 행위보다 독재자에게 더 많은 압력을 가하지는 않습니다.

전략적 목적을 위해 많은 사상자를 낼 위험이 있는 도발적인 저항 행동이 필요하다는 제안이 있다면, 이 행동으로 치러야 하는 대가와 이 행동으로 얻을 수 있는 이득에 대해 매우 신중하게 따져봐야 합니다. 투쟁 과정 동안 대중과 저항자들이 훈련받은 대로 비폭력적으로 행동할까요? 폭력에 대한 도발을 견뎌낼 수 있을까요? 계획을 세우는 사람들은 독재정권의 잔혹 행위에도 불구하고 비폭력 규율을 지키며 저항을 유지하기 위해 대책을 생각해야 합니다. 서약과 정책 선언, 지침 전단지, 질서유지인을 두는 것, 폭력을 선동하는 개인과 집단에 대한 거부 등은 실행 가능하며 효과적일까요? 투쟁의 지도자들은 시위에서 폭력을 쓰도록 자극하는 임무를 수행하는 **공작원**의 존재에도 늘 주의를 기울여야 합니다.

전략적 계획 고수

일단 적합한 전략 계획이 마련되면 민주화세력은 특정한 캠페인을 위한 전략과 대전략을 벗어나 중요하지 않은 사안에 주된 활동을 집중하지 않도록 주의해야 합니다. 독재자는 민주화세력이 대전략을 벗어나게 하기 위해 자잘한 행동들로 끊임없이 유혹합니다. 또한 독재정권의 새로운 가혹 행위에 반응해서 순간의 감정에 이끌려 대전략과 캠페인 전략에서 벗어나서도 안 됩니다. 독재정권이 승리를 쉽게 거머쥐려는 의도로 민주화세력이 잘 세워놓은 전략을 버리고 폭력을 행사하도록 유도하기 위해서 일부러 가혹 행위를 저질렀을 수도 있습니다.

기본적인 전략 분석이 적합하다고 판단이 되는 한, 민주화세력의 과제는 한 단계씩 앞으로 나아가는 것입니다. 물론 전술이나 중간 목표에 변동이 생길 수 있으며 훌륭한 지도자는 늘 기회를 이용할 준비가 되어 있어야 합니다. 이러한 조정을 대전략의 목표 또는 구체적인 캠페인의 목표와 혼동해서는 안 됩니다. 선택한 대전략과 구체적인 캠페인에 대한 전략을 신중하게 실행하는 것은 운동의 성공에 크게 기여할 것입니다.

8장

정치적 저항의 실행

대중이 무력감을 느끼고 두려워하는 상황에서는 상대적으로 위험하지 않고 자신감을 쌓을 수 있는 행동부터 시작하는 것이 중요합니다. 이를테면 평상시와 다르게 옷을 입는 방법이 있는데, 이런 행동은 반대 의견을 대중적으로 표현할 수 있고, 사람들이 반대 행동에 대규모로 참여할 수도 있습니다. 또 어떤 경우에는 상대적으로 (표면상) 그다지 중요하지 않아 보이는 (안전한 물 공급의 확보처럼) 비정치적인 사안이 단체 행동의 초점이 될 수 있습니다. 전략가들은 그 가치가 널리 인식될 수 있고 거부하기 어려운 사안을 선택해야 합니다. 이러한 제한적 캠페인에서 성공하게 되면 특정한 불만 사항을 해결할 수 있을 뿐 아니라 대중에게 잠재적인 힘이 있다는 확신을 줄 수 있습니다.

장기적인 투쟁에서 대부분의 캠페인 전략은 독재정권을 즉시 붕괴시키는 것이 **아니라** 제한적인 목표를 달성하는 데 초점을 맞춰야 합니다. 또한 모든 캠페인이 모든 대중의 참여를 필요로 해서도 안 됩니다.

대전략을 실행하기 위해 일련의 구체적인 캠페인을 계획할 때 저항운동의 전략을 세우는 사람들은 장기적인 투쟁을 펼치는 동안 시작과 중간과 끝에서 캠페인이 어떻게 서로 달라야 하는지를 고려해야 합니다.

선택적 저항

투쟁의 초기 단계에 서로 다른 구체적인 목표를 가진 개별적인 캠페인은 매우 유용할 수 있습니다. 이러한 선택적 캠페인들은 연달아 진행될 수 있습니다. 경우에 따라서 두세 개의 캠페인이 동시에 진행될 수도 있겠죠.

'선택적 저항'을 위해 전략을 세울 때 독재정권의 억압 일반을 상징하는 구체적인 사안이나 불만이 무엇인지를 파악할 필요가 있습니다. 이러한 사안은 전반적인 대전략 안에서 중간 단계의 전략 목표를 성취하기 위해 캠페인을 실행할 때 적절한 과녁이 될 수 있습니다.

이러한 중간 단계 전략 목표는 현재 민주화세력의 권력 역량 혹은 앞으로 민주화세력이 갖게 될 것이라고 예상되는 권력 역량으로 달성할 수 있는 것이어야 합니다. 이것은 연달아 승리할 가능성을 높여 사기를 북돋는 데 도움이 되며, 장기적인 투쟁에서 권력 관계가 점진적으로 변화하는 데도 기여합니다.

선택적 저항의 전략은 구체적인 사회적·경제적·정치적 사안에 일차적인 초점을 맞춰야 합니다. 이러한 전략은 사회와 정치제도의 어느 부분에 독재자의 통제가 미치지 못하도록 하기 위해, 또 현재 독재자의 통제하에 있는 부분을 되찾기 위해, 혹은 독재자의 특정 목표를 거부하기 위해 선택할 수 있습니다. 가능하면 이미 논의한 대로 선택적 저항운동은 독재정권의 한 가지 혹은 그 이상의 약점을 공격해야 합니다. 그렇게 함으로써 민주화세력은 그들이 가지고 있는 권력 역량으로 최대한의 효과를 얻을 수 있습니다.

전략을 세우는 사람들은 아주 초기부터 최소한 첫 번째 캠페인 전략을 세울 필요가 있습니다. 그것의 구체적인 목표는 무엇인가요? 그 캠페인이 대전략을 달성하는 데 어떻게 도움을 줄 수 있나요? 또 가능하다면 최소한 두 번째, 세 번째 캠페인의 전체적인 전략 개요를 짜는 것이 현명합니다. 이러한 전략들은 모두 대전략을 실행하고 대전략의 전반적인 지침 안에서 시행되어야 합니다.

상징적 도전

독재정권을 무너뜨리기 위해 새로운 캠페인을 시작할 때, 최초의 구체적인 정치적 행동의 범위가 제한될 수 있습니다. 이 행동은 부분적으로 대중의 분위기를 알아보고, 그에 영향을 끼치며, 대중이 비협조와 정치적 저항을 사용하여 계속 저항할 수 있도록 계획해야 합니다.

최초의 운동으로 주로 상징적인 항의 행동이나 제한적인 혹은 일시적인 비협조의 상징적 행동을 할 수 있습니다. 행동에 나서려는 사람이 적을 경우, 예를 들면 최초의 행동으로 상징적으로 중요한 장소에 꽃을 가져다 두는 행동을 할 수도 있습니다. 참가하고자 하는 사람이 아주 많을 경우에는 5분간 모든 행동을 멈춘다거나 혹은 몇 분 동안 침묵하는 행동을 할 수 있습니다. 어떤 경우에는 몇몇 개인이 단식투쟁을 하거나, 상징적으로 중요한 장소에서 밤샘농성을 할 수 있습니다. 학생들은 일시적인 수업 거부를 하고, 중요 관공서에서는 일시적인 연좌시위를 할 수도 있겠죠. 독재정권하에서 이런 도발적인 행동은 십중팔구 가혹한 탄압을 받게 될 것입니다.

독재자의 관저 혹은 정치경찰 본부 앞을 물리적으로 점거하는 것 같은 상징적 행동은 고도의 위험을 수반하기 때문에 캠페인을 시작하는 방법으로는 적절하지 않습니다.

최초의 상징적 시위 행동은 때로는 국내외에서 큰 관심을 불러일으키기도 합니다. 1988년 버마에서 있었던 대규모 가두 시위나 1989년 베이징의 천안문 광장에서 있었던 학생들의 점거와 단식투쟁이 좋은 예입니다. 이 두 경우 모두에서 시위자들이 입은 큰 인명 피해는 전략을 세우는 사람들이 캠페인을 계획할 때 매우 신중해야 한다는 것을 말해줍니다. 이런 행동은 막대한 도덕적·심리적 효과가 있더라도 대부분 상징적인 것에 그치며, 독재정권의 권력 구조를 바꾸지는 못하기 때문에 이런 행동 자체가 독재정권을 무너뜨리지는 못합니다.

투쟁 초기에 독재자가 권력의 원천을 이용하지 못하도록 그 원천을 완전히 그리고 신속히 차단하는 것은 거의 불가능합니다. 권력의 원천을 차단하기 위해서는 이전까지 복종적이었던 사실상 모든 대중과 사회의 거의 모든 기관이 철저히, 불시에, 대규모로, 강력하게 독재정권에 협조를 거부하고 저항해야 합니다. 이런 일은 여지껏 일어나지 않았으며 앞으로도 일어나기가 매우 어렵습니다. 그러므로 대부분의 경우에 독재정권을 상대로 한 초기 캠페인에서 완전한 비협조와 저항을 계획하는 전략은 너무 때 이르며 비현실적입니다.

책임 분산하기

선택적 저항 캠페인이 진행되는 동안 투쟁의 선봉에 서는 사람들은 전체 대중 가운데 일부 집단입니다. 다른 목적을 가진 이후 캠페인에서는 투쟁의 부담이 다른 집단으로 넘어갈 것입니다. 예를 들어 학생들은 교육에 관한 문제로 파업을 일으키고, 종교 지도자들과 신도들은 종교의 자유 문제에 집중하며, 철도 노동자들은 철도 운송 시스템을 지연시키기 위해 안전 규정을 사소한 것까지 준수하고, 언론인들은 검열에 항의하며 백지 신문을 낼 수 있습니다. 또 경찰은 민주적 저항운동의 수배자들을 수색하고 체포하는 일을 계속해서 실패할 수 있겠죠. 사안에 따라, 혹은 대중 집단에 따라 저항 캠페인을 단계적으로 변화시켜가면 저항이 계속되는 동안 일부 대중은 쉴 수 있게 됩니다.

선택적 저항은 아직 독재정권에 지배당하지 않는 독립적인 사회적·경제적·정치적 집단과 조직의 존속과 자율성을 **지키는 데** 특히 중요하며, 이에 대해서는 앞에서 간단히 이야기한 바 있습니다. 이런 조직이나 집단은 힘의 중심이 되어 대중이 독재자의 지배에 저항하고 압력을 가할 수 있는 조직적인 기반을 제공합니다. 이 집단들은 투쟁 시에 독재정권의 첫 번째 표적이 되기 쉽습니다.

독재자의 권력을 겨냥하기

장기적인 투쟁이 초기 단계를 지나 더욱 야심 차고 진보된 국면에 접어들 때, 전략가들은 독재자의 권력의 원천을 어떻게 더 옥죌 수 있을지를 생각해야 합니다. 민주화세력에게 더 유리한 새로운 전략적 상황을 만들기 위해 대중적 비협조를 사용하는 것이 목표가 될 수 있습니다.

민주저항세력이 힘을 얻을수록, 전략가들은 독재정권의 권력의 원천을 차단하여 독재정권을 정치적으로 마비시키고 결국 독재정권 그 자체를 와해시키기 위해 더 큰 규모의 비협조와 저항운동을 계획할 수 있습니다.

민주화세력은 대중과 집단들이 이전까지 독재정권에 지지를 보내던 것을 어떻게 약화시킬 수 있을지를 세심하게 계획할 필요가 있습니다. 독재정권이 저지른 가혹 행위를 폭로함으로써, 독재자의 정책에 따른 재앙적인 경제적 결과를 드러냄으로써, 독재정권을 끝장낼 수 있다는 사실을 새롭게 이해시킴으로써 그들의 지지가 약해질까요? 독재정권을 지지하는 사람들의 활동이 최소한 '중립'('형세를 관망하는 사람')으로 바뀌도록 유도해야 하며, 할 수 있다면 민주화 운동을 적극 지지하는 쪽으로 유도해야 합니다.

정치적 저항과 비협조를 계획하고 실행할 때, 독재자의 주요 지지자들과 조력자들 모두에게 세심한 주의를 기울이는 것이 매우 중요합니다. 여기에는 독재정권의 내부 파벌과 정당, 경찰, 관료, 그리고 특히 군대가 포함됩니다.

독재자에 대한 군대(병사와 장교 모두)의 충성도는 면밀하게 평가해야 하며, 군대가 민주화세력에게 영향을 받을 수 있는지의 여부를 판단해야 합니다. 일반 병사들 다수가 강제 징집을 두려워하며 불만을 품고 있나요? 많은 병사와 장교들이 개인적인, 가족적인, 정치적인 이유 때문에 정권으로부터 소외되어 있나요? 병사와 장교들을 민주적 전복에 취약하게 만들 수 있는 다른 요인은 무엇이 있을까요?

해방 투쟁의 초기에는 독재자의 군인 및 공무원과 의사소통을 할 수 있는 특별한 전략을 개발해야 합니다. 민주화세력은 말, 상징, 행동을 통해 해방 투쟁이 격렬하고 단호하며 지속적일 것이라는 점을 군인들에게 알릴 수 있습니다. 저항 투쟁이 군인들의 생명을 위협하는 것이 아니라 독재정권을 무너뜨리기 위한 특수한 상황이라는 것을 군인들이 알 수 있어야 합니다. 이러한 노력은 궁극적으로 독재자 수하에 있는 군대의 사기를 꺾고 마침내 군대의 충성과 복종을 민주화 운동 쪽으로 돌리는 것을 목표로 합니다. 비슷한 전략을 경찰과 공무원에게 적용할 수도 있습니다.

그러나 독재자의 군대 안에서 민주화 운동에 대한 공감을 이끌어내고 독재정권에 대한 불복종을 유도하기 위한 시도를 군대로 하여금 기존의 독재를 빠르게 끝장내기 위해 군사행동에 나서도록 부추기는 것으로 해석해서는 안 됩니다. 이 시나리오대로 운동이 전개된다면 민주주의가 제대로 정착하기 어렵습니다. (앞서 논한 바와 같이) 쿠데타는 대중과 통치자 사이에 권력관계의 불균형을 줄이는 데 거의 영향을 끼치지 못하기 때문이죠. 그렇기 때문에 민주화 운동에 호감을 갖고 있는 장교들에게 독재정권에 대항하는 쿠데타나 내전은 필요하지 않고 바람직하지도 않다는 것을 이해시킬 수 있도록 전략을 짜야 합니다.

민주화 운동에 동조하는 장교들은 민주화 운동에서 매우 중요한 역할을 할 수 있습니다. 이를테면 군대 내에서 불만과 비협조를 확산시키고, 의도적으로 비효율을 유발하며, 명령을 조용히 묵살하고, 저항운동에 대한 진압을 거부하는 것을 지원할 수 있습니다. 군인들은 또한 안전한 통행을 보장하고 정보, 식량, 의료품을 공급하는 등 다양한 비폭력적인 방식으로 민주화 운동을 적극 도울 수 있겠죠.

군대는 독재자에게 가장 중요한 권력의 원천입니다. 독재자는 잘 훈련된 군대와 무기로 자신에게 복종하지 않는 대중을 직접 공격하거나 응징할 수 있습니다. **만약 경찰과 관료, 군대가 독재정권을 전적으로 지지하고 명령에 복종한다면, 독재정권을 무너뜨리는 일이 극히 어렵거나 불가능하다는 것을 저항 운동의 전략가들은 기억해야합니다.** 그러므로 민주화 운동의 전략가들은 독재자에 대한 군대의 충성심을 흔드는 전략을 가장 중요하게 생각해야 합니다.

민주화세력은 군대와 경찰 내부에서 불만을 품고 불복종 행동을 하는 것이 당사자에게 매우 위험한 일이라는 것을 기억해야 합니다. 군인과 경찰은 불복종에 대해 엄중한 처벌을 받을 수 있고 반란 행위로 여겨져 처형당할 수도 있습니다. 민주화세력은 군인과 경찰에게 즉시 반란을 일으키라고 요구해서는 안됩니다. 그 대신 의사소통이 가능한 상황이라면 그들이 시작할 수 있는 상대적으로 안전한 수많은 '위장된 불복종' 행동이 있다는 것을 확실하게 알려줘야 합니다. 예를 들면 경찰과 군대는 진압 명령을 비효율적으로 수행하고 수배자를 찾는 데 실패할 수 있으며, 저항하는 사람들에게 탄압이나 체포, 구속에 대한 정보를 알려주거나 상관에게 중요한 정보를 보고하지 않을 수 있습니다. 반정부 성향의 장교들은 결과적으로 진압 명령을 지휘 계통에 따라 하달하는 일을 소홀히 할 수 있습니다. 군인들은 엉뚱한 곳, 예를 들면 시위대의 머리 위로 총을 쏠 수 있겠죠. 마찬가지로 공무원들은 서류를 잃어버리고, 지시 사항을 잊어버리고, 비효율적으로 일을 하며, '병에 걸려서 나을 때까지' 집에서 쉬는 방식으로 그들의 역할을 할 수 있습니다.

전략의 변화

정치적 저항의 전략가들은 대전략과 구체적인 캠페인 전략이 어떻게 실행되고 있는지를 끊임없이 평가해야 합니다. 예를 들면 투쟁이 예상대로 진행되지 않을 경우에는 전략에 어떤 변화를 주어야 하는지를 생각해야 합니다. 운동의 힘을 키우고 주도권을 되찾기 위해 무엇을 할 수 있을까요? 이러한 상황에서는 문제를 파악하고, 전략을 재평가하며, 필요하다면 투쟁의 임무를 다른 대중 집단에게 넘기고, 또 다른 힘의 원천을 동원하며, 대안적인 행동 계획을 개발해야 합니다. 이 과정이 끝나면 새로운 계획을 즉시 실행해야 합니다.

반대로 만일 투쟁이 기대 이상으로 잘 진행되어서 독재정권이 예상보다 빨리 무너지기 시작한다면 민주화세력은 어떻게 이 뜻밖의 이득을 기회로 삼아 독재정권을 마비시키는 방향으로 나아갈 수 있을까요? 이 질문에 대한 답은 다음 장에서 살펴보겠습니다.

9장
독재정권의 와해

성공적으로 잘 진행된 정치적 저항 캠페인들이 누적되면 저항운동이 강화되고 독재정권의 실질적인 지배가 한계에 다다르는 사회 영역이 늘어나게 됩니다. 또한 이러한 캠페인을 통해서 어떻게 협조를 거부하고 정치적 저항을 실행할 것인지를 경험해볼 수도 있습니다. 이 경험은 비협조와 저항적 저항이 대규모로 이루어질 때 큰 도움이 됩니다.

3장에서 논한 바와 같이 독재자가 권력을 유지하기 위해서는 복종, 협조, 굴복이 반드시 필요합니다. 독재자가 정치적 권력의 원천을 얻지 못하면 독재자의 권력은 약화되고 마침내 와해됩니다. 따라서 독재정권에 대한 지지를 철회하는 것은 독재정권을 무너뜨리는 데 중요한 필수적인 행동입니다. 정치적 저항이 권력의 원천에 어떤 영향을 끼치는지를 살펴보는 것이 도움이 될 것입니다.

상징적인 거절과 저항 행동은 정권의 도덕적·정치적 **권위**, 즉 정권의 정당성을 훼손할 수 있는 방법 가운데 하나입니다. 정권의 권위가 클수록 복종과 협력을 더 많이 더 쉽게 확보할 수 있습니다. 독재정권의 존재를 심각하게 위협하기 위해서는 정권에 대한 도덕적 반감을 행동으로 표현해야 합니다. 협조와 복종을 철회하는 것은 독재정권이 이용할 수 있는 권력의 또 다른 원천을 차단하기 위해 필요합니다.

두 번째로 중요한 권력의 원천은 **인적자원**, 즉 통치자에게 복종하고 협조하며 도움을 주는 사람과 집단의 수와 그들이 사회에서 차지하는 중요도를 말합니다. 만약 대중의 상당수가 협조하지 않으면 정권은 심각한 문제에 빠집니다. 예를 들어 공무원들이 평상시보다 훨씬 비효율적으로 일하거나 심지어 출근하지 않으면 행정기관은 심각한 타격을 입습니다.

마찬가지로 지금까지 **특수한 기술과 지식**을 제공했던 사람들과 집단이 협조를 거부한다면, 독재자가 자신의 뜻을 실행할 수 있는 능력이 매우 심하게 약해질 것이다. 제대로 된 정보를 바탕으로 결정을 내리거나 효과적인 정책을 개발하는 능력이 심각하게 위축될 수도 있습니다.

사람들이 평상시에 통치자에게 복종하고 통치자를 지원하도록 유도했던 심리적이고 이념적인 영향 같은 **무형 요소**들이 약해지거나 뒤집힐 경우, 대중은 불복종과 비협조로 더욱 기울게 됩니다.

물질적 자원에 대한 접근성 역시 독재자의 권력에 직접적인 영향을 미칩니다. 재정 자원과 경제 시스템, 재산, 천연자원, 운송 수단, 통신수단에 대한 지배력이 정권의 반대세력 혹은 잠정적인 반대세력의 손에 들어가면 독재정권의 또 다른 주요한 권력 원천이 위태로워지거나 제거됩니다. 경제나 통신, 운송 부문에서 자율성의 증가와 파업, 보이콧 들은 독재정권을 약화시킬 수 있습니다.

앞서 이야기한 것과 같이 소란을 피우고, 복종하지 않으며, 비협조적인 대중을 처벌할 수 있는 능력, 즉 위협과 **제재**는 독재자의 핵심적인 권력의 원천입니다. 이 권력의 원천을 두 가지 방법으로 약화시킬 수 있습니다. 첫째, 만약 대중이 전쟁을 겪는 것과 같은 심각한 결과를 무릅쓸 준비가 되어 있다면, 제재의 효과는 극단적으로 줄어들 것입니다. (즉 독재자의 탄압은 그가 기대했던 복종을 이끌어내지 못할 것입니다.) 둘째, 만약 경찰과 군대가 정부에 불만을 품고 있다면, 저항자를 구속하고, 구타하거나 사살하라는 명령을 개인적으로 혹은 집단적으로 회피하거나 전면 거부할 수도 있습니다. 독재자가 더 이상 경찰이나 군대를 동원해 탄압을 수행할 수 없게 되면, 독재정권은 중대한 위협을 받게 됩니다.

요약하자면 굳건하게 자리 잡은 독재정권에 맞서 투쟁에 성공하려면 비협조와 저항으로 독재정권의 권력의 원천을 약하게 만들고 제거해야 합니다. 권력의 원천을 계속해서 공급받지 못하면 독재정권은 흔들리게 되고 마침내 와해됩니다. 따라서 독재정권에 대항하는 정치적 저항운동의 전략 계획이 효과적이려면 독재자의 가장 중요한 권력의 원천을 표적으로 삼아야 합니다.

자유의 고양

선택적인 저항이 진행될 때 자율적인 사회, 경제, 문화, 정치 단체들은 정치적 저항과 결합되어 사회의 '민주적 공간'을 점진적으로 확장하고 독재정권의 지배력을 위축시킵니다. 사회의 민간 조직들이 독재정권만큼 강력해지면 독재자가 무엇을 하려 하든 대중은 독재자의 지배 영역 밖에서 독립적인 사회를 조금씩 구축할 수 있습니다. 만일 독재정권이 이 '자유의 고양'을 저지하려 개입할 경우, 새롭게 얻은 이 공간을 지키기 위해 비폭력 투쟁이 일어날 것이고 독재정권은 투쟁의 또 다른 '전선'에 부딪히게 됩니다.

저항운동과 독립적인 조직 건설의 결합은 사회 내의 권력 관계를 근본적으로 바꿔놓기 때문에 머지않아 필연적으로 독재정권이 붕괴되고 민주 체제가 형식적으로 자리를 잡는 **사실상**의 자유로 이어질 수 있습니다.

1970년대와 1980년대의 폴란드는 저항운동이 사회의 기능과 조직을 점진적으로 재탈환한 좋은 예를 보여줍니다. 가톨릭교회는 공산당의 박해를 받았지만 결코 완전히 지배당하지는 않았습니다. 1976년 일부 지식인과 노동자는 그들의 정치사상을 널리 알리기 위해 K.O.R.(노동자 방위위원회) 같은 작은 단체를 조직했습니다. 자유노조는 효과적인 파업 조직력을 통해 1980년 법적 인정을 얻어냈습니다. 농민, 학생 등 다른 많은 집단 역시 자신들의 독립적인 조직을 결성했습니다. 이러한 단체가 현실적인 권력관계를 바꾸었다는 것을 깨달았을 때 공산당은 자유노조를 다시 법으로 금지했고 무력 통치에 의존하기 시작했습니다.

많은 사람들이 수감되고 가혹한 박해가 따르는 계엄령하에서도 사회의 새로운 독립적인 조직들은 기능을 멈추지 않았습니다. 예를 들어 불법 신문과 잡지가 수십 개나 계속 발행되었습니다. 불법 출판사들은 매년 수백 권의 책을 출판했고, 유명 작가들은 공산당이 발행한 출판물과 정부 출판사들을 보이콧했습니다. 이와 비슷한 활동이 사회의 다른 영역에서도 계속되었습니다.

야루젤스키 군사정권하에서 공산당 군사정부는 한때 사회 상층부에서 바삐 움직이는 것처럼 보였습니다. 관료들은 계속 정부 관직과 건물을 차지하고 있었고, 정권은 여전히 처벌과 체포, 투옥, 인쇄기 압수 등으로 사회를 내리찍었습니다. 그러나 독재정권이 사회를 완전히 통제하는 건 불가능했죠. 이때부터 사회가 독재정권을 완전히 무너뜨리는 것은 시간문제였습니다.

독재정권이 여전히 정부 요직을 차지하고 있더라도 때로는 민주적 '대안 정부'를 조직할 수도 있습니다. 대중과 사회 내 여러 조직의 충성과 순응, 협조를 받는 대안 정부는 점차 독재정권의 경쟁 상대로 자리 잡을 것입니다. 독재정권은 결과적으로 점차 정부로서 갖춰야 할 요건들을 조금씩 빼앗기게 될 것입니다. 마침내 민주적 대안 정부는 민주 체제로 이행해가는 과정으로 독재정권을 완전히 대체할 수 있습니다. 그리고 정해진 과정에 따라 헌법이 채택되고 선거가 실시될 것입니다.

독재정권의 와해

사회의 제도적 전환이 일어나는 동안에는 저항과 비협조 운동이 고조될 것입니다. 민주화세력의 전략가들은 선택적 저항을 넘어서 대규모 저항이 가능한 시점이 온다는 것을 고려하고 있어야 합니다. 대부분의 경우, 저항 역량을 창출하거나 확대할 시간이 필요하며, 대규모 저항은 몇 년이 더 필요할 수도 있겠죠. 이 과도기 동안 선택적 저항 캠페인은 점점 더 중요한 정치적 목적을 가지고 착수해야 합니다. 사회의 모든 영역에 걸쳐 더 많은 대중이 참여해야 합니다. 활동이 고조되는 와중에 잘 훈련된 단호한 정치적 저항이 일어나면 독재정권이 안고 있는 약점들이 더욱 명백하게 드러날 것입니다.

강력한 정치적 저항과 독립적인 조직 건설의 결합은 곧 민주화세력에게 유리한 전 세계적인 관심을 불러올 것입다. 또한 (폴란드에서 그랬던 것처럼) 민주화세력을 지지하는 국제사회의 외교적 규탄과 보이콧, 무역 금지를 이끌어낼 수도 있습니다.

전략가들은 1989년 동독에서 그랬던 것처럼 어떤 상황에서는 정권의 붕괴가 매우 급속하게 일어날 수 있다는 것을 알아야 합니다. 독재정권에 대해 모든 대중이 반감을 가지면서 권력의 원천이 대폭 차단되었을 때 이런 일이 일어날 수 있습니다. 그러나 이러한 일은 흔치 않으며, (단기적인 투쟁을 준비하기보다는) 장기적인 투쟁을 계획하는 편이 낫습니다.

해방 투쟁이 진행되는 동안에는 조그만 승리나 제한적인 승리라도 축하해야 하며, 승리를 일군 사람들은 인정받아야 합니다. 조심스러운 축하는 투쟁을 이어가는 다음 단계에 필요한 사기를 진작시키는 데도 도움이 됩니다.

성공을 책임감 있게 다루기

대전략을 계획하는 사람들은 새로운 독재정권의 출현을 막고 영속적인 민주 체제를 점진적으로 건설하기 위해 성공적으로 투쟁을 잘 마무리하는 방법을 사전에 구상해야 합니다.

민주화세력은 투쟁이 종반으로 접어들면 독재정권에서 과도기 임시정부로 이행하는 과정을 어떻게 다뤄야 하는지를 생각하고 있어야 합니다. 그때가 되면 제대로 작동하는 새로운 정부를 신속하게 구성하는 것이 좋습니다. 그것이 단순히 옛 정부 구조에 사람만 새롭게 바꾼 것이어서는 안 됩니다. 옛 정부 조직의 어떤 부분을 완전히 없애고, 어떤 부분을 향후 민주화를 위해 남겨둘 것인지를 생각해야 합니다. 이를테면 정치경찰처럼 본질상 민주주의에 반하는 조직은 폐지해야 하지만, 모든 정부 조직을 없애버려서 완전한 공백 상태가 된다면 혼란을 불러일으키거나 새로운 독재정권에게 길을 열어줄 수도 있습니다.

독재정권의 권력이 와해되었을 때, 정권의 고위 공직자들에 대한 처우를 어떻게 할지도 미리 생각해야 합니다. 예를 들면 독재자를 재판에 회부할 것인가요? 다른 나라로 망명하는 것을 허락할 것인가요? 정치적 저항과 국가를 재건하는 일의 필요와 승리 이후 민주주의를 건설하는 일과 조화를 이루는 다른 방안은 무엇이 있을까요? 미래의 민주 체제에 극단적인 결과를 가져올 수 있는 피의 숙청은 반드시 피해야 합니다.

독재정권이 약해지고 있거나 무너졌을 때는 민주주의로 이행하기 위한 구체적인 계획을 실행할 준비가 되어 있어야 합니다. 이러한 계획은 또 다른 집단이 쿠데타를 일으켜 권력을 잡는 것을 막을 것입니다. 또한 정치적·개인적 자유를 완전하게 보장하는 민주적 헌법을 갖춘 정부를 조직하는 계획이 필요합니다. 커다란 대가를 치르고 얻어낸 변화를 계획의 부재로 잃어버려서는 안 됩니다.

점점 강력해지는 대중과 독립적이고 민주적인 집단과 조직들의 성장(독재정권이 이들을 통제할 수 없습니다)을 마주했을 때, 독재자는 자신의 모험이 실패했다는 것을 알게 될 것입니다. 전 사회적인 대규모 휴업이나 총파업, 외출 자제, 저항적 행진 등의 활동은 점차 독재자의 조직과 관련 기관을 무너뜨릴 것입니다. 오랜 기간에 걸쳐 대규모 민중이 참여하고 잘 실행된 이러한 저항과 비협조의 결과로, 독재자는 권력을 잃고 민주주의의 수호자들은 폭력을 사용하지 않고도 승리를 거두게 됩니다. 독재정권은 민중의 저항 앞에서 무너질 것입니다.

이러한 노력이 모두 성공하는 것은 아닙니다. 특히 쉽고 빠르게 성공하는 경우는 거의 없습니다. 군사력을 동원한 전쟁을 수행하더라도 이기는 만큼 많이 진다는 것을 기억해야 합니다. 그러나 정치적 저항은 진정한 승리의 가능성을 제시합니다. 앞서 말한 것처럼 대전략을 잘 개발하고, 개별 전략을 면밀하게 세운 바탕 위에서, 열성적인 노력과 잘 훈련된 용감한 투쟁이 함께한다면 이 가능성은 더욱 늘어날 것입니다.

10장
지속 가능한 민주주의의 토대

독재정권의 와해는 물론 크게 축하할 일입니다. 오랫동안 고통을 받고 큰 대가를 치르며 싸워온 사람들은 즐거움과 여유, 인정을 누릴 자격이 있습니다. 자기 자신과 정치적 자유를 획득하기 위해 함께 투쟁한 사람들 모두를 자랑스러워할 만합니다. 그날이 올 때까지 모두가 살아남지는 못하겠죠. 산 자와 죽은 자 모두가 자유의 역사를 이룩하는 데 공헌한 영웅으로 기억될 것입니다.

하지만 이 시점에 경계를 늦춰서는 안 됩니다. 정치적 저항이 성공해 독재정권이 무너졌다고 하더라도, 옛 정권의 붕괴에 뒤따르는 혼란을 틈타 새로운 억압적인 정권이 출현하는 것을 막기 위해 신중하게 대책을 세워야 합니다. 민주화세력의 지도자들은 민주주의로 가는 과도기가 질서 있게 진행되도록 미리 준비해야 합니다. 독재적인 정부 구조는 반드시 폐지되어야 합니다. 항구적 민주주의를 정착시키기 위해 헌법과 법률적 기반, 행동의 기준이 마련되어야 합니다.

독재정권이 몰락하자마자 이상적인 사회가 즉시 도래할 것이라고 믿어서는 안 됩니다. 독재정권의 몰락은 단지 자유가 확장된 상황에서 더 나은 사회를 만들고 인간의 욕구를 더 적절하게 충족시키려는 장기적인 노력의 시작점일 뿐입니다. 심각한 정치적·경제적·사회적 문제가 오래도록 지속될 것입니다. 그 해결책을 찾으려면 많은 개인과 집단의 협력이 필요합니다. 새로운 정치체제는 사람들에게 다양한 전망과 적절한 수단을 제공해서 새로운 사회를 건설하고 미래의 문제를 해결할 정책을 개발해야 합니다.

새로운 독재정권의 위협

아리스토텔레스는 오래전에 "폭정은 또 다른 폭정을 낳을 수 있다"*고 경고했습니다. 프랑스의 자코뱅 당과 나폴레옹, 러

---

*   Aristotle, *The Politics*, Book V, Chapter 12, p. 233

시아의 볼셰비키, 이란의 아야톨라, 버마의 SLORC(국가법질서회복위원회) 등 일부 개인과 집단이 억압적인 정권의 붕괴를 단지 그들이 새로운 주인으로 나설 수 있는 기회로 삼은 역사적 증거가 많이 있습니다. 그들의 동기는 다양하지만 그 결과는 대개 거의 같습니다. 새로운 독재정권은 이전 정권보다도 더 잔인하며 전체주의적일 수 있습니다.

독재정권이 무너지기 이전에도 옛 정권에 속한 사람들이 민중의 저항운동이 승리하지 못하게 쿠데타를 일으켜 민주주의를 위한 저항 투쟁을 가로막으려 할 수 있습니다. 그들은 독재정권을 축출하기 위한 것이라고 주장하지만 사실은 옛 정권을 새로 단장하여 들이미는 것에 불과합니다.

쿠데타 봉쇄하기

이제 막 해방된 사회를 위협하는 쿠데타와 맞서 이기는 방법이 있습니다. 때로는 그러한 방어 역량에 대한 지식만으로도 쿠데타 기도를 충분히 억지할 수 있습니다. 준비는 예방을 만들 수 있습니다.

쿠데타를 시작한 직후 쿠데타세력은 정당성, 즉 통치하기 위해 필요한 그들의 도덕적·정치적 권리를 승인받아야 합니다. 그러므로 쿠데타 방어의 첫 번째 기본 원칙은 쿠데타세력의 정당성을 부정하는 것입니다.

쿠데타세력은 민간 지도자들과 대중이 그들을 지지하거나, 혹은 혼란스러워하거나 방관적이기를 바랍니다. 쿠데타세력은 사회에 대한 통제를 군건하게 하기 위해 전문가와 조언자, 관료와 공무원, 행정가와 판사 들의 협조를 필요로 합니다. 또한 쿠데타세력은 정부 조직과 사회조직, 경제, 경찰, 군대에서 일하는 수많은 사람들이 수동적으로 복종하며, 쿠데타 기도자들의 명령과 정책에 따라 수정된 역할을 수행하는 것을 필요로 합니다.

쿠데타 방어의 두 번째 기본 원칙은 비협조와 저항으로 쿠데타세력에 맞서는 것입니다. 그들이 요구하는 협조와 원조를 거부해야 합니다. 본질적으로, 독재정권에 대항하여 싸웠던 똑같은 투쟁 방법을 새로운 위협에 대항하여 사용할 수 있는데, 이 경우 즉시 적용해야 합니다. 만약 대중이 정당성을 인정하지 않고 협조하지도 않는다면 쿠데타는 정치적으로 아사하게 되고 민주 사회를 건설할 기회를 되찾게 됩니다.

헌법 제정

새로운 민주주의 체제는 민주정부에 바람직한 기틀을 잡아줄 헌법을 필요로 합니다. 헌법은 정부의 목적과 정부 권력의 한계, 정부 관료와 입법자(국회의원)를 선출하는 선거 방법과 시기, 인민의 내재적 권리, 중앙정부와 지방정부의 관계 등을 규정해야 합니다.

중앙정부가 민주적이기 위해서는 입법부와 행정부, 사법부의 권한이 명확하게 구분되어야 합니다. 경찰과 정보기관, 군대가 어떠한 정치적 간섭을 하지 못하도록 법으로 그들의 활동을 강력하게 규제해야 합니다.

민주주의 체제를 유지하면서 독재적인 경향의 법안이 들어서는 것을 막기 위해서는 지역이나 주, 혹은 지방정부에 상당한 특권을 주는 연방제도를 헌법으로 채택하는 것이 바람직합니다. 상황에 따라, 상대적으로 작은 지역이 전체 국가의 한 부분인 동시에 주요 특권을 갖는 스위스의 연방 제도를 고려할 수도 있습니다.

이러한 특징을 두루 갖고 있는 헌법이 새로 해방된 국가 이전 역사에 존재했다면, 이 헌법을 필요한 따라 바람직한 방향으로 고쳐 다시 효력을 발휘하도록 하는 것이 좋겠죠. 그렇지 않으면 새 헌법을 준비해야 합니다. 새로운 헌법을 만드는 데는 많은 시간이 필요하고 많은 것을 고려해야 합니다. 이 준비 과정에 대중이 참여하는 것이 바람직하며, 특히 새로운 조항이나 개정안을 비준할 때는 대중의 참여가 필요합니다. 실행 불가능한 약속이나 혹은 고도로 중앙집권화된 정부가 필요하다는 조항이 헌법에 포함되지 않도록 매우 조심해야 하는데, 이 두 가지가 모두 새로운 독재정권을 불러올 수 있기 때문입니다.

헌법의 문장은 대다수 사람들이 쉽게 이해할 수 있어야 합니다. 헌법이 너무 복잡하거나 모호해서 법률가나 다른 엘리트만이 이해할 수 있게 만들어서는 안 됩니다.

민주적 안보 정책

새로 수립된 민주정부는 또한 외국의 잠재적 위협에 대한 방어 능력이 필요합니다. 경제적·정치적 혹은 군사적 지배를 확보하려는 외국의 위협을 받을 수도 있습니다.

내부의 민주주의를 유지하기 위해서는 정치적 저항의 기본 원칙을 국가 방어에 적용하는 것을 신중하게 고려해야 합니다.* 저항할 수 있는 능력을 시민들의 손에 직접 쥐어준다면, 새로 해방된 나라는 그 자체로 민주주의에 위협이 되는 막강한 군대를 보유하지 않아도 되고, 다른 목적으로 쓰일 수 있는 막대한 경제적 자원을 군사력 증강에 쓸 필요도 없습니다.

스스로 새로운 독재자가 되기 위해 일체의 헌법 조항을 무시하는 집단이 있을 수도 있다는 것을 잊지 말아야 합니다. 그렇기 때문에 대중은 잠재적 독재자에 대한 정치적 저항과 비협조를 실천하고 민주적 구조와 권리, 절차를 지켜나가야 할 영속적인 책임이 있습니다.

---

*   Gene Sharp, *Civilian-Based Defence: A Post-Military Weapons System*(Princeton, New Jersey: Princeton University Press, 1990) 을 보라.

칭찬할 만한 책임

비폭력 투쟁의 효과는 독재자를 약화시키고 제거할 뿐 아니라 억압받는 사람들의 힘을 강화하기도 합니다. 비폭력 투쟁은 이전에 자신들이 단순히 장기말 혹은 희생자에 불과하다고 여기던 사람들이 스스로 노력해서 더 많은 자유와 정의를 얻기 위해 힘을 행사할 수 있게 만듭니다. 이 투쟁 경험을 통해 이전에 무능하다고 느꼈던 사람들은 높은 자존감과 자신감을 갖게 됩니다.

민주정부를 세우기 위하여 비폭력 투쟁을 하는 경우에 얻게 되는 중요한 장기적인 효과 중 하나는 사회가 당면한 문제와 앞으로 다가올 문제를 사람들이 더욱 능숙하게 다룰 수 있게 된다는 점입니다. 여기에는 앞으로 발생할 수 있는 정부 권력의 남용과 부패, 특정 집단에 대한 박해, 경제적 불평등, 정치체제에서 민주적 특성이 제한되는 것들이 포함됩니다. 정치적 저항을 경험한 대중은 앞으로도 독재정권에 시달릴 가능성이 적습니다.

해방 이후에도 비폭력 투쟁의 경험은 민주주의와 시민의 자유, 소수자의 권리, 지역, 주, 지방정부와 비정부 조직의 특권을 지키기 위한 방법을 제공할 것입니다. 이러한 방법은 반대 집단이 테러리즘이나 게릴라전에 의존할 수도 있는 민감한 사안에 대해 특정 개인이나 집단이 평화적으로 강력하게 반대

의견을 표현하는 데 사용될 수도 있습니다.

인민을 독재적 억압에서 벗어나게 하고, 인간의 자유와 사회를 향상시키기 위한 대중적 행동을 존중하는 항구적 민주 체제를 세우고자 하는 모든 사람과 집단에게 도움을 주기 위해, 정치적 저항과 비폭력 투쟁에 대해서 살펴봤습니다.

이 책에서 간략히 소개된 생각들의 세 가지 중요한 결론은 다음과 같습니다.

- 독재정권으로부터 해방되는 것은 가능하다.
- 해방을 이루기 위해서는 아주 면밀한 사고와 전략적 계획이 필요하다.
- 주의력과 열정적인 노력, 그리고 큰 희생을 무릅쓴 잘 훈련된 투쟁이 필요하다.

흔히들 인용하는 "자유는 공짜가 아니다"는 구절은 옳은 말입니다. 어떤 외부세력도 억압받는 사람들에게 그들이 그토록 원하는 자유를 선물해주지 않습니다. 사람들은 스스로 자유를 획득하는 방법을 배워야 합니다. 그것이 쉬울 리가 없습니다.

사람들이 자신의 해방을 위해 필요한 것이 무엇인지를 깨달을 수 있다면 많은 진통 끝에 마침내 그들에게 자유를 가져다줄 행동 방침을 세울 수 있을 것입니다. 그러면 그들은 부지런히

새로운 민주적 질서를 건설하고 그것을 지키기 위해 준비할
수 있습니다. 이런 방식의 투쟁으로 얻은 자유는 항구적입니
다. 그것은 자유를 보존하고 발전시키는 일에 헌신하는 결연
한 민중에 의해 유지될 수 있을 것입니다.

부록

비폭력 행동의 198가지 방법*

【비폭력 항의와 설득】

공식 성명

대중 연설

반대 혹은 지지 서한

단체나 기관이 발표한 선언문

서명한 성명서

고발장 및 고발에 대한 의사표시

단체 혹은 집단 탄원

폭넓은 청중과의 의사소통

구호, 그림, 상징물

현수막, 대자보, 전시물

유인물, 소책자, 그리고 서적들

신문과 잡지

---

*　이 목록은 그 의미와 역사적 예와 함께 진 샤프의 『비폭력 행동의 정치학 The Politics of Nonviolent Action』두 번째 권인 비폭력 행동 방법에서 발췌한 것이다.

음반, 라디오 및 텔레비전

비행기로 공중에 문자 쓰기, 땅에 문자 쓰기

단체 표현

대표단 파견

조롱하는 상장(賞狀)

단체 로비 활동

피켓팅

조롱 선거

상징적인 대중행동

상징적인 색깔과 깃발 게양하기

상징을 몸에 지니기: 팩, 버튼 등

상징적 물건 전달하기: 쥐, 쓰레기 등

상징적 불빛: 횃불, 랜턴, 초 등

상징적 소리: 호루라기, 사이렌 등

자산 파괴 행위: 문서, 자격증 등

기도와 예배

항의의 표시로 옷 벗기

초상화 전시

페인팅 시위

새로운 표현이나 이름 짓기

상징적인 출판

무례한 몸짓

개인들에 대한 압력

정부 당국자 겁주기: 정부 당국자를 계속적으로 따라다니거나
무언가를 상기시키게 하는 것

정부 당국자 놀리기: 조롱하거나 모욕을 주는 방식

친절하게 대하기: 친절하고 신중한 전략으로 사람들을 우리 편으로 끌어들이기

농성

연극과 음악

익살스러운 촌극과 장난

연극과 음악 공연

노래 부르기

행렬

행진

조직된 가두시위

종교적 행진

순례

자동차 행진

죽은 자를 애도하기

정치적 애도

모의 장례식

시위성 장례식

매장 장소에서 존경을 표하기

대중 집회

항의 혹은 지지 집회

시위성 모임

위장 모임: 기도회를 가장한 시위

항의성 토론회

철수와 거부

항의성 퇴장

침묵

수상 거부

등 돌리기

【사회적 비협조 방법들】

추방

사회적 보이콧: 반대자와의 관계 때문에 사람

혹은 그룹과의 협력이나 업무를 거부하는 것

선택적인 사회적 보이콧: 악수 거부 등 특정한 행위를 거부하는 것

섹스 파업

제명

금령

사회적 행사, 관습 및 제도에 대한 비협조

사교, 스포츠 등 사회 활동 일시 중지

사회적 행사 보이콧

학생 파업 (동맹휴업)

사회적 기구로부터 탈퇴

사회적 불복종: 인도에서 '불가촉천민'과 어울리는 것처럼

사회적 관습과 제도에 대한 불복종

사회적 제도로 부터 탈퇴

칩거

완전히 개인적인 비협조

은신처로 탈출하기

노동자의 싸움: 다수의 노동자가 더 이상 참고 견디길

거부하고 그냥 떠나버리는 것

집단적으로 사라지기: 작은 지역의 주민들이

자신들의 집과 마을을 포기하는 것

살던 나라 떠나기: 항의성 집단 이민

【경제적 비협조 방법들: 경제적 보이콧】

소비자의 행동

절약하기

임차료 지급 거부

임차 거부

소비자들의 보이콧

보이콧된 상품을 소비하지 않는 것: 이미 자신이 구매한 상품이라 할지라도

전국적인 소비자 보이콧: 다른 나라의 제품이나 서비스 구매를 거부하는 것

국제적인 소비자 보이콧: 특정 국가의 제품에 대해 여러

국가에서 보이콧을 진행하는 것

노동자와 생산자의 행동

노동자의 보이콧: 반대자가 제공하는 제품이나

도구를 사용하여 작업하는 것을 거부

생산자의 보이콧: 생산자 자신이 생산한 제품을

판매하거나 제공하기를 거부하는 것

중간상인의 행동

공급자와 중개인의 보이콧: 특정 상품을 취급하거나 공급하기를 거부하는 것

소유자와 경영자의 행동

상인들의 보이콧: 특정 상품을 사고 파는 것을 거부

직장 폐쇄: 특정한 조건에 동의할 때까지 노동자를 출근하지 못하게 하는 것

소유물 임대 혹은 판매 거부

산업 지원 거부

상인들의 '총파업'

경제적 재원 소유자들의 행동

예금 인출

각종 공과금 지불 거부

빚, 이자 지불 거부

자금 지원 및 융자 중단

납세 거부

정부가 발행한 화폐 거부: 대안적인 지불 방법을 요구

정부의 행동

국내 금수조치

상인들의 블랙리스트 만들기

국제 판매상의 금수조치: 다른 나라로 수출 거부

국제 구매자의 금수조치: 특정 국가의 상품에 대한 금지

국제 무역 금수조치

【경제적 비협조 방법들 : 파업】

상징적 파업

시위 파업: 미리 예고된 짧은 기간의 파업

예고 없는 파업(번개 파업): 짧고 즉흥적인 시위 파업

농업 파업

소작농 파업

농장 노동자 파업

특수 집단의 파업

강제 징용된 노동의 거부

수감자의 파업

특정 기술직의 파업: 재단사의 파업 등

전문직 종사자의 파업

일반적인 파업

사업장별 파업

산업 파업

동조 파업

한정적 파업

세분된 파업: 한 명씩 혹은 한 구역씩 차례로 멈추거나 직장을 떠나기,

조금씩 조업 중단

범퍼 파업: 한 사업장씩 파업하기

준법투쟁: 생산을 지체시키기 위해 규정 따르며 하는 파업

직책 내놓기: 사직

제한적 파업: 노동자가 중요하지 않은 특정 작업을 거부하거나

특정한 날에 일하기를 거부하는 것, 잔업 거부

선택적 파업: 노동자가 특정 종류의 작업을 거부하는 것

태업

아픈 척하기

여러 산업의 파업

일반화된 파업: 몇몇 산업이 동시에 파업하는 것

총파업: 모든 산업이 동시에 파업하는 것

파업과 경제적 봉쇄의 결합

동맹휴업: 경제생활을 일시적으로 자발적으로 중단하는 것

경제적 정지: 노동자들의 파업과 동시에 고용주도 경제활동을 중단하는 것

【정치적 비협조 방법들】

권위를 거부하기

충성의 보류나 취소

대중 지지의 거부: 기존 정권과 그 정책들에 대한 거부

저항을 옹호하는 출판 및 책이나 연설

정부에 대한 시민의 비협조

입법 기구에 대한 보이콧

선거 보이콧

관직(정부 고용)에 대한 보이콧

정부 부처, 기관에 대한 보이콧

정부 교육기관으로부터의 탈퇴

정부가 지원하는 기관에 대한 보이콧

집행기관에 대한 협조 거부

자신의 서명과 위치 표시의 제거

공무원으로 임명되기를 거부

기존 기구의 해체에 대한 거부

시민들이 복종 대신할 수 있는 행동

마지못해 복종하기, 천천히 복종하기: 세금 납부 지연

직접적인 감시가 없을 때 불복종

대중적 불복종: 다수에 의해 행해지나 분명하지 않은 방식으로,

공표하지 않고 신중하게

은근히 불복종하기: 법을 준수하는 것처럼 보이기,

어떤 신문이 금지되었다면 이름을 바꾸어 재발간

해산 명령의 거부

연좌 파업

징집과 추방에 대한 비협조

숨기, 벗어나기, 가짜 신분 만들기

'비합법적인' 법에 대한 시민불복종

국내 정부 차원의 행동

준법적 회피와 지연

연방 정부 단위에 의한 비협조

국제 정부 차원의 행동

외교관과 대표단 교체

외교 행사 지연과 취소

외교 인정 철회

외교 관계 단절

국제단체에서 탈퇴

국제기구 가입 거부

국제기구에서 추방 혹은 제명

【비폭력 개입 방법들】

심리적 개입

자기 노출: 어려운 상황에서 자기 희생을 보여줌으로써 대중의 연민을 얻음

단식: (1) 정신적 압박감으로부터 단식 (2) 단식 투쟁 (3) 비폭력 불복종 단식

역逆재판: 활동가들이 재판을 통해 자신의 목소리를 알리는 행위

비폭력적인 괴롭힘: 다양한 수단을 동원해 정신적으로 괴롭히기

물리적 개입

연좌시위: 앉아서 시위하기

연립 시위: 서서 시위하기

차량 탑승 시위: 차를 타고 시위하기, 로자 파크스의 버스 타기 운동

웨이드 인 시위: 흑인이 백인 전용 해변에 들어가 인종차별에 항의하는 행동

함께 떼지어 모이는 시위: 한자리에서 연좌하지 않고 자리를 계속 옮겨 다녀 폭력

적인 탄압에 노출될 가능성 낮음

기도 시위

비폭력적 점령

비폭력 침범

비폭력적 공습: 확산탄 모양의 전단지를 투하하는 행동

비폭력적 끼어들기: 경찰과 시위대가 대치한 상황에서

자신의 몸을 중간에 위치시키기

비폭력 방해: 자신의 몸을 물리적 장벽으로 사용하는 방식

비폭력적 점거

사회적 개입

새로운 사회 패턴 확립하기: 장벽을 뛰어넘어 사회계층 혼합하기

시설에 과부하 걸기

오도 가도 못 하게 하기: 합법적인 일을 가능한 천천히

수행하는 투쟁 방식

연설 시위

게릴라 극장: 즉흥적이고 극적인 방해 행동

대안적 사회 기구

대안적 소통 제도: 구소련 체제에서 발간되었던 자가 출판(사미즈다트)

경제적 개입

역파업: 초과근무

연좌 파업: 직장점거

비폭력 토지 점거

봉쇄의 무시

정치적으로 동기로 화폐 위조하기

매점매석: 반대자들이 구입할 수 없도록 모두 사버리는 행위

자산 몰수

덤핑 판매: 고의적으로 아주 낮은 가격에 물건을 팔아치우는 행위

선택적 후원

대안 시장

대안적 교통 시스템

대안적 경제기구

정치적 개입

행정 업무에 과부하 걸기

비밀 요원의 정체 밝히기

자기 발로 감옥 들어가기

'중립적'인 법에 대한 시민불복종

협력하지 않고 일하기

이중 주권과 유사 정부: 티베트 망명정부

이 책의 초판을 쓰면서 여러 사람들에게 빚을 졌습니다. 1993년 내 개인 조수인 부루스 젱킨스는 책 내용과 표현에서 문제점을 찾아주어 이 연구에 귀중한 공헌을 했습니다. 그는 또한 어려운 개념을 (특히 전략에 관하여) 더욱 자세하고 명확하게 표현하는 것과 구조를 다시 구성하는 것, 그리고 편집에서의 향상에 대해 예리한 충고를 해줬습니다.

나는 또한 편집을 도와준 스티븐 코지에게 감사하게 생각합니다. 크리스토퍼 크루에글러 박사와 로버트 헬비는 이 연구에 대하여 매우 중요한 비평과 충고를 해줬습니다. 헤이즐 맥퍼슨 박사와 패트리샤 파크맨 박사는 각각 아프리카와 라틴아메리카에서의 투쟁에 관한 정보를 제공해주었습니다. 그러나 이 책

에 실린 연구와 그에 따른 결론은 전적으로 내 책임이라는 것을 밝힙니다

번역에 관한 특별 지침이 최근에 개발되었는데, 자밀라 라 쿱이 만든 지침과 초창기 몇 년 동안 얻은 경험에 근거하여 개발 했습니다. 이 분야에 대해 명확한 용어가 없는 언어로 번역할 때 도 정확하게 번역하기 위한 것입니다.

『독재에서 민주주의로』는 당시《키트 피앙 Khit Pyaing (The New Era Journal)》의 탁월한 편집인이었던 버마 민주파 망명 인사인 고故 유 틴 마웅 윈의 요청으로 쓰게 되었습니다.

이 책은 비폭력 투쟁, 독재정권, 전체주의 제도, 저항운동, 정치 이론, 사회적 분석 그리고 다른 분야에 걸친 40년이 넘는 연 구와 저술이 토대가 되었습니다.

나는 버마에 대하여 잘 몰랐기 때문에 버마에만 초점을 맞 춰 책을 쓸 수는 없었습니다. 따라서 일반적인 저술을 해야만 했 습니다.

이 연구는 원래 1993년 태국 방콕에서《키트 피앙》에 버마 어와 영어로 한 번씩 실렸습니다. 그 후 1994년에 버마어와 영어 로 소책자 형태로 발행되었으며, 1996년과 1997년에 다시 버마 어로 발행되었습니다. 방콕에서 발행된 소책자의 초판은 버마민 주회복위원회의 지원으로 발행했습니다.

이 소책자는 버마 내부에서는 은밀하게 배부되었고, 망명

자와 동조자들이 있는 다른 곳에서도 배부되었습니다. 이 책은 전적으로 버마 민주화세력과 버마인이 지배하는 중앙정부로부터 독립을 원하는 다양한 집단을 위해 저술한 것 이었습니다. (버마인은 버마의 지배 집단입니다.)

이 책을 쓸 당시 나는 이 책의 일반적인 초점이 권위적 혹은 독재적 정부가 있는 어느 나라에서나 잠재적으로 의미가 있을 것이라고는 상상하지 못했습니다. 그러나 최근에 이 책을 자신의 언어로 번역하여 자기 나라에 배포하려는 사람들은 그렇게 생각했던 것 같습니다. 이 책이 마치 자기 나라를 위해 쓰여진 것 같다고 여러 사람들이 말했습니다.

랑군에 있는 국가법질서회복위원회(SLORC) 군사독재정권은 이 소책자를 즉시 비난했습니다. 책이 나온 뒤 1995년과 1996년에도 이 책에 대해 맹렬한 비난을 멈추지 않았고 이후에 신문, 라디오, 텔레비전에서 계속하여 비난했다는 이야기를 들었습니다. 비교적 최근인 2005년까지도 이 책을 소지한 사람은 단지 금지된 간행물을 소지했다는 이유로 징역 7년이 선고되기도 했습니다.

다른 나라에서 이 책의 발행과 배포를 장려하는 어떤 노력도 하지 않았는데도 이 책의 번역과 배포가 자발적으로 일어났습니다. 인도네시아에서 온 어느 학생이 방콕 서점에 진열된 이 책의 영어판을 사서 자기 나라로 가져갔습니다. 그 후 1997년 인도네시아어로 번역되어 아브두라만 와히드의 서문을 실어 출판하였습니다. 아브두라만은 당시 3500만 명의 회원을 가진 세계에서 가장 큰 이슬람교 조직인 나드라툴 울마의 대표였으며 후에 인도네시아 대통령이 되었습니다.

이 시기에 알베르트 아인슈타인 연구소에 있는 내 사무실에는 방콕에서 발행된 영어 소책자 복사본 몇 권이 있을 뿐이었습니다. 몇 년간 이 책과 관련된 문의가 있을 때마다 소책자를 복사해야만 했습니다. 후에 캘리포니아에서 온 마레크 젤라스키에즈가 이 복사본 중의 하나를 밀로셰비치가 통치하던 베오그라드로 가져가서 '시민제안(Civic Initiatives)'이라는 조직에 주었고, 시민제안은 이것을 세르비아어로 번역하여 출판했습니다. 밀로셰비치 정권이 붕괴된 후 우리가 세르비아를 방문했을 때 그 소책자가 저항운동에 상당한 영향을 미쳤다고 들었습니다.

또한 헝가리 부다페스트에서 중요한 워크숍이 열렸는데, 은퇴한 미 육군 대령인 로버트 헬비가 약 20명의 세르비아 젊은이들에게 비폭력 투쟁의 본질과 가능성에 대하여 이야기하기 위해 열었던 것입니다. 헬비는 이 워크숍에서 『비폭력 행동의 정치학 The Politics of Nonviolent Action』전집을 젊은이들에게 주었습니다. 바로 이 젊은이들이 비폭력 투쟁을 이끌며 밀로셰비치 정권을 무너뜨린 조직 옵토Optor를 만든 사람들입니다.

이 책이 어떻게 한 나라에서 다른 나라로 알려지게 되었고 출판하게 되었는지 모릅니다. 최근에는 알베르트 아인슈타인 연구소 홈페이지에서 이 책에 대한 정보를 얻게 되었을 테고 이것이 중요한 원인이긴 하지만 유일한 원인은 아닐 것입니다. 이 연결 고리를 찾는 것도 상당한 연구 과제가 될 것 같습니다.

『독재에서 민주주의로』는 힘든 연구이며 쉽게 읽을 수 있는 책이 아닙니다. 이 책을 번역하는 것은 매우 중요한 일이며, 비용이 드는데도 불구하고 최소한 28개 번역본이 (2008년 현재로) 마련될 정도로 사람들이 이 책을 중요하게 생각하고 있습니다.

이 책은 인쇄물로 혹은 웹사이트에서 다음의 언어들로 번역되었습니다. 암하라어(에티오피아), 아랍어, 아제르바이잔어, 인도네시아어, 벨라루스어, 버마어, 친어(버마), 중국어, 디베히어(몰디브), 페르시아어, 불어, 조지아어, 독일어, 징포어(버마), 카렌어(버마), 크메르어(캄보디아), 쿠르드어, 키르기스어(키르기스스탄), 네팔어, 파슈토어(아프가니스탄과 파키스탄), 러시아어, 세르비아어, 스페인어, 티베트어, 티그리냐어(에리트리아), 우크라이나어, 우즈베크어(우즈베키스탄), 베트남어입니다. 이외 여러 다른 번역본이 준비 중에 있습니다.

1993년과 2002년 사이에 이 책은 여섯 개 언어로 번역되었고 2003년과 2008년 사이에는 스물두 개 언어로 번역되었습니다.

이 책은 광범위하고 다양한 사회에서 여러 언어로 번역되었습니다. 이것은 이 책을 처음 접한 사람들이 이 연구를 자신들의 사회에 중요한 것으로 생각했다는 나의 잠정적인 결론을 뒷받침합니다.

진샤프

2008년 1월

매사추세츠 보스턴에서

더 읽을거리

1. *The Anti-Coup*, 진 샤프, 브루스 젱킨스. 보스턴: 알베르트 아인슈타인 연구소, 2003.

2. *Sharp's Dictionary of Power and Struggle: Language of Civil Resistance in Conflicts* , 진 샤프. 뉴욕: 옥스포드 대학 출판사, 2011.

3. *On Strategic Nonviolent Conflict: Thinking About the Fundamentals*, 로버트 헬비. 보스턴: 알 베르트 아인슈타인 연구소, 2002.

4. *The Politics of Nonviolent Action(3 vols.)* 진 샤프. 보스턴: Extending Horizons Books, Porter Sargent Publishers, 1973.

5. *Self-Liberation* 진 샤프, 자밀라 라큅 도움. 보스턴: 알베르트 아인슈타인 연구소, 2010.

6. *Social Power and Political Freedom* 진 샤프. 보스턴: Extending Horizons Books, Porter Sargent Publishers, 1980.

7. *There are Realistic Alternatives* 진 샤프. 보스턴: 알베르트 아인슈타인 연구소, 2003.

8. *Waging Nonviolent Struggle: 20th Century Practice and 21st Century Potentia*l, 진 샤프. 보 스턴: Extending Horizons Books, Porter Sargent Publishers, 2005.

주문을 원하시면 다음 주소로 연락주시기 바랍니다.
The Albert Einstein Institution
P.O. Box 455
East Boston, MA 02128, USA
전화: USA+1 617-247-4882
팩스: USA +1 617-247-4035
이메일: Einstein@igc.org
웹사이트: www.aeinstein.org

독재에서 민주주의로

첫 판 1쇄 펴낸 날 2015년 4월 10일

지은이   진 샤프
옮긴이   백지은

펴낸이   김수기
편집   이용석, 김수현, 문용우, 허원
디자인   박미정
마케팅   최새롬
제작   이명혜

펴낸곳   현실문화연구
등록번호   제2013-000301호
등록일자   1999년 4월 23일
주소   서울시 마포구 포은로 56, 2층(합정동)
전화   02-393-1125
팩스   02-393-1128
전자우편   hyunsilbook@daum.net

ISBN 978-89-6564-114-8 03330
가격은 뒤표지에 있습니다.

이 책의 국립중앙도서관 출판시도서목록(CIP)은 서지정보유통지원시스템 홈페이지(http://seoji.nl.go.kr)와 국가자료공동목록시스템(http://www.nl.go.kr/kolisnet)에서 이용하실 수 있습니다.(CIP 제어번호 : CIP2015008599)